OSKAR

CHARLOTTA

JAMAL

HANIFE

JOHANNA

ONNO

Katia Simon

Die Kita-Bande ist nicht zu bremsen

Freunde-Geschichten zum Vorlesen

Illustrationen von Jutta Berend

Kaufmann Verlag

Bibliografische Information der Deutschen Bibliothek
Die Deutsche Bibliothek verzeichnet diese Publikation in der Deutschen Nationalbibliografie;
detaillierte bibliografische Daten sind im Internet unter http://dnb.ddb.de abrufbar.

1. Auflage 2021
© 2021 Verlag Ernst Kaufmann, Lahr

Druck und Bindung: Balto Print
ISBN 978-3-7806-6406-8

Inhalt

Eine Neue zieht in den Margarethenhof

Die Glastür in der Küche quietschte, als Johanna sie öffnete. Sie ging zur Balkonbrüstung, legte ihre Hände auf das Geländer und drückte ihr Gesicht in das Katzennetz.

Das hing dort, damit die beiden Kater Pommes und Döner nicht in den Innenhof sprangen.

Johanna drehte ihren Kopf, um bis in die hintersten Ecken des Hofs zu schauen. Niemand da. Nichts zu hören. Wobei das nicht stimmte: Die Amsel sang wie jeden Tag ihr Lied. Sie saß auf einem Ast in einer der Birken, die neben der Bank auf der Wiese standen. Johanna seufzte. Wo blieben die anderen bloß? „Nach dem Frühstück im Hof", hatten sie gesagt – und das war doch genau jetzt! Gerade als Johanna sich umdrehte, um in den Hof zu gehen und dort zu warten, rumpelte ein gelber Transporter mit blauer Schrift durch den schmalen Torbogen. Um ein Haar hätte er den Blumentopf mit dem Oleander von Herrn Rosmarin umgefahren.

„Das war knapp!", rief Johanna und war mit einem Mal hellwach. Einen Transporter gab es hier selten zu sehen. Nur wenn jemand ein- oder auszog. Bestimmt kamen Neue, wie spannend! Die Wohnung von den Sellhorsts stand ja leer. Und genau vor dem Haus mit der roten Nummer 16 hielt der

Wagen an. Johannas Neugier war geweckt. Vielleicht haben sie ja Kinder! Ein leichtes Kribbeln lief bis in Johannas kleine Zehe. Wenn sie jetzt loslief, war sie dieses Mal die Erste aus dem Hof, die die Neuen sehen würde. Da werden die anderen staunen, wenn ich das erzähle, dachte sie.

Mit großen Schritten rannte Johanna die Treppen im Hausflur hinunter. „Johanna, du sollst doch nicht allein …", rief Papa noch hinter ihr her. Aber der hatte keine Chance. „Ich bleib im Hof", rief Johanna noch, dann war sie weg.

Mit ein bisschen Abstand zum gelben Transporter blieb sie stehen und schaute verlegen und doch neugierig zu, wie vier Männer begannen, Kisten und Möbelstücke ins Haus zu tragen. Keine Kinder, schade, dachte Johanna.

„So viele Männer ziehen da ein?", sagte sie verwundert.

„Nee, ich ziehe da ein!", sagte in diesem Augenblick eine leise Stimme. Johanna sah eine Bewegung aus dem Augenwinkel und schaute auf den Boden. Dort saß ein Dackel mit lustigen Kulleraugen und sah sie schwanzwedelnd an. „Duuu?", fragte Johanna und machte große Augen.

„Genau, er und ich und Mama", sagte dieselbe Stimme wieder und Johanna erkannte, dass nicht der Dackel gesprochen hatte, sondern ein Mädchen. Es hatte ein freundliches Gesicht, trug eine blaue Latzhose und war fast genauso groß wie Johanna selbst. In der Hand hielt es eine Leine, an deren anderem Ende der Dackel befestigt war.

„Oh!", sagte Johanna nur. Sie war überrascht und wusste nicht, was sie sagen sollte. Das war aber gar nicht schlimm, denn das Mädchen redete gleich weiter.

„Ich heiße Hanife und das ist Heinz." Sie zeigte auf den Dackel, der sich inzwischen auf dem Boden eingerollt hatte.

Heinz! Was für ein lustiger Name für einen Hund, dachte Johanna und musste grinsen.

„Den Namen hatte er schon, als wir ihn aus dem Tierheim bekommen haben."

Johanna kicherte. Eigentlich traute sie sich nie, mit fremden Kindern zu sprechen, aber das Mädchen sah nett aus und der Hund auch. Sie mochte beide sofort. Mutig sagte sie: „Hallo, Hanife, hallo, Heinz. Ich bin Johanna. Ich wohne da oben in Nummer 14. Soll ich euch hier alles zeigen?" Hanife nickte begeistert.

„Hey, Johanna!", rief plötzlich eine Stimme aus dem Apfelbaum, als Johanna mit Hanife daran vorbeilief.

Einen Augenblick später war ein blondes Mädchen zwischen den Blättern zu sehen und sprang von einem Ast. „Wer bist denn du?", fragte sie neugierig in Hanifes Richtung. „Ich bin Charlotta."

Johanna lächelte. Jetzt, da ihre beste Freundin Charlotta aufgetaucht war, fühlte sie sich gleich viel wohler. Charlotta konnte einfach besser mit anderen reden und mit ihr zusammen fühlte sich Johanna immer stärker.

Während die Männer weiter Kartons und Möbelstücke ausluden, drehten die Mädchen eine Willkommensrunde durch den Innenhof, um den sich zwanzig Häuser wie an einer Schnur aufreihten. Sie zeigten Hanife alles, was es hier zu sehen gab und was man als Kind wissen musste, wenn man hier wohnte. Sie zeigten die beiden Tore – durch das eine war Hanife ja bereits hereingefahren. Den Sandkasten neben der Trauerweide, den mit Lavendel und vielen anderen bunten Blumen bepflanzten Balkon der freundlichen Josefine Herzberger und zwei Häuser weiter den kahlen Balkon von Herrn Dissen. Dem solle Hanife lieber aus dem Weg gehen, erklärte Charlotta flüsternd. „Der hat immer schlechte Laune und mag uns Kinder nicht", sagte sie und Johanna nickte.

Hanife schaute auf die Balkone und man sah, dass sie sich Mühe gab, alles zu behalten.

Auf dem Weg zur Tischtennisplatte lief den Mädchen am Mülltonnenhäuschen eine große schwarze Katze mit weißem, herzförmigem Fleck auf der Brust über den Weg. Serafina!

 8

Johanna zuckte zusammen, als Heinz anfing, zu fiepen, und kräftig an der Leine in die entgegengesetzte Richtung zog. Der Dackel hatte sofort gespürt, dass Serafina von Hunden nicht viel hielt und hier der Boss war.

Johanna sah, wie Hanife die Leine von Heinz mit beiden Händen festhalten musste, damit er nicht weglief, und erklärte: „Das ist die Katze von Frau Golba. Sie heißt Serafina und hat sogar eine kleine Treppe." Johanna deutete auf die schmalen Stufen, die hinauf zu einem Balkon führten. „Deshalb kann sie immer hier herumstreunen, wenn sie will."

Die Mädchen waren bei dem Mülltonnenhäuschen angekommen, wo hinter einer hohen wuchernden Bambuswand das Geheimversteck der Margarethenhof-Kinder lag. Johanna wollte Hanife gerade davon erzählen, als Charlotta ihr einen Blick zuwarf und leicht den Kopf schüttelte. „Dafür kennen wir sie noch nicht gut genug", flüsterte Charlotta ihr ins Ohr, als Hanife ihren Dackel von einem Blumenbeet wegzog. Johanna nickte. Charlotta hatte recht.

Auf seinem Skateboard kniend rollte ihnen Jamal entgegen. Er grinste und schaute neugierig zu Hanife rüber. Hinter ihm schlenderten die Brüder Onno und Oskar. Das war ja klar. Die Jungs hatten das neue Kind im Hof gesehen und wollten jetzt mal gucken kommen.

„Hanife, das sind Jamal, Oskar und Onno!", stellte Charlotta vor. „Und jetzt kennst du auch schon die wichtigsten fünf Kinder, die hier im Margarethenhof wohnen."

9

„Sechs Kinder!", sagte Hanife. „Mit mir sind es jetzt sechs."

„Stimmt!", sagte Oskar und grinste schief. „Darf ich mal streicheln?" Er zeigte auf Heinz, der zwischen den Rosenbüschen schnüffelte und gerade sein Bein hob. Hanife zog kurz an der Leine.

„Ja, klar! Du kannst auch mal halten, wenn du möchtest. Das ist Heinz, der ist ganz lieb", sagte sie.

Onno und Oskar lachten. „Unser Opa heißt auch Heinz", sagte Oskar.

„Er ist auch ganz lieb, sieht nur ein bisschen anders aus und hat weniger Haare", kicherte Onno und hielt Heinz seine Hand hin.

Johanna fand das ganz schön mutig von Onno. Sie selbst traute sich nicht, Heinz zu streicheln. Obwohl er mit seinen lustigen Augen und den Schlappohren eigentlich sehr nett aussah. Wenn er nur nicht die ganze Zeit so wild umherspringen würde!

„Hanife!", rief in dem Augenblick eine laute Stimme von der anderen Hofseite. „Haaanife! Heinz!" Der Dackel spitzte die Ohren. Er hatte seinen Namen erkannt und zog jetzt wieder kräftig an der Leine.

„Das ist meine Mama", sagte Hanife und zuckte mit den Schultern. Dann brüllte sie so laut „Wir sind hier! Ich komme!", dass Johanna zusammenzuckte. „Ich komme wieder", erklärte sie noch schnell und rannte dann mit großen Schritten zum gelben Umzugswagen zurück. Heinz hatte mit seinen

 10

kurzen Beinen Mühe, mit ihrer Geschwindigkeit mitzuhalten.
„Die ist ja nett!", sagte Charlotta, als Hanife mit ihrer Mutter
im Haus Nummer 16 verschwunden war. Johanna fand das
auch. Es gefiel ihr richtig gut, dass jetzt noch ein Mädchen im
Margarethenhof wohnte.

„Ich finde Heinz toll!", sagte Onno und versuchte, sich mit
nach beiden Seiten ausgestreckten Armen auf Jamals Skateboard zu stellen. Das war ja klar, dach-
te Johanna und grinste. Oskar und
Onno wollten schon lange einen
eigenen Hund.

Das Skateboard mit Onno rollte
langsam los und wackelte leicht.
Onno sprang ab und das Board flitz-
te davon. „Nicht ohne Helm, Onno!", sagte
Oskar und machte dabei die Stimme ihrer Mutter nach. Die
Kinder lachten.

„Gehört Hanife dann jetzt eigentlich zu uns?", fragte Oskar.
Jamal nickte und Charlotta sagte: „Abwarten!"

Johanna fand Hanife super. Sie wollte, dass sie dazugehörte.
Doch bevor sie sich traute, das zu sagen, rief Onno: „Ich will
jedenfalls, dass Heinz zu uns gehört!" und die anderen lachten wieder.

Johanna zwinkerte Onno zu: „Dann nehmen wir den doch
schon mal in die Kita-Bande auf und was mit Hanife ist, überlegen wir uns noch."

Das verschwundene Tierlexikon

Es war ein ruhiger Morgen in der Kita. Es waren noch nicht viele Kinder da und die zeichneten und bauten in Ruhe vor sich hin. Oskar malte gerade eine Familie grüner Frösche auf ein Blatt Papier, als Hanife plötzlich an der Hand ihrer Mutter in der Tür der Froschgruppe stand. Oskar ließ den Stift sinken und beobachtete, wie die Erzieherin Kerstin beide begrüßte.

„Guck mal, unsere Neue aus dem Margarethenhof", sagte er zu Johanna und Charlotta.

Charlotta drehte sofort ihren Kopf in Richtung Tür.

„Hallo, Hanife!", rief sie begeistert und sprang freudig auf sie zu. „Wie toll, du bist bei uns! Johanna, guck doch mal."

Hanife ließ gleich die Hand ihrer Mama los und lief in den Raum. Sie grinste Oskar schief an. Das gefiel ihm. Oskar grinste zurück. Und Hanife rief ihm zu: „Wo ist denn Onno?"
„Der geht in die Schildkrötengruppe", erklärte Oskar. „Geschwister sind immer in verschiedenen Gruppen. So haben wir uns mittags nach der Kita auch mehr zu erzählen. Das wäre doch langweilig, wenn wir den ganzen Tag miteinander spielen müssten."
Hanife musste lachen. „Stimmt", sagte sie und lief gut gelaunt zu ihrer Mutter zurück. „Tschüss, Mama!" sagte Hanife. „Du musst nicht dableiben." Hanife wollte direkt allein in der Kita bleiben. Ganz schön mutig, fand Oskar. Er selbst konnte sich morgens oft nicht leicht von seiner Mama trennen.

Im Morgenkreis lernte Hanife dann auch alle anderen Kinder der Gruppe kennen. Kerstin erzählte, dass Hanife gerade mit ihrer Mutter hergezogen war.
„Und mit Heinz!", rief Oskar. „Das ist Hanifes Hund. Der ist richtig cool." Oskar war stolz, dass er etwas erzählen konnte, was die anderen in der Gruppe noch gar nicht über Hanife wussten.
„Ich habe bereits gemerkt, dass du hier schon Freundinnen und Freunde gefunden hast, Hanife, toll!", freute sich der Erzieher Björn und erklärte Hanife, dass gleich alle Kinder, die Lust hatten, in die Kita-Bücherei gehen könnten.

 13

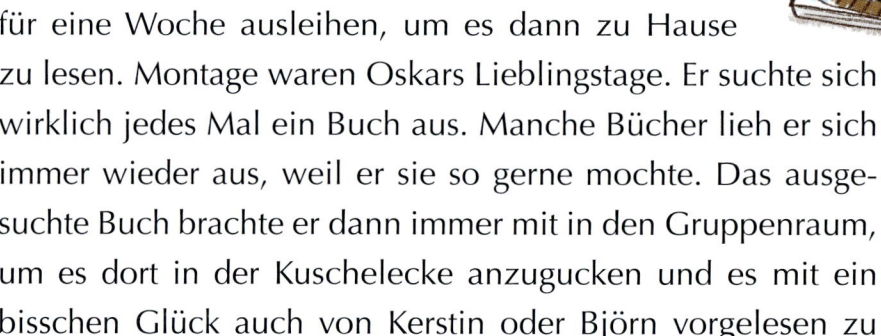

Stimmt ja, dachte Oskar. Heute war Montag, das war der Büchereitag. Da hatte die Kita-Bücherei geöffnet und die Kinder konnten sich ein Buch aussuchen und für eine Woche ausleihen, um es dann zu Hause zu lesen. Montage waren Oskars Lieblingstage. Er suchte sich wirklich jedes Mal ein Buch aus. Manche Bücher lieh er sich immer wieder aus, weil er sie so gerne mochte. Das ausgesuchte Buch brachte er dann immer mit in den Gruppenraum, um es dort in der Kuschelecke anzugucken und es mit ein bisschen Glück auch von Kerstin oder Björn vorgelesen zu bekommen. Das fand Oskar immer am schönsten.

Er wusste genau, welches Buch er sich heute ausleihen wollte, und beim Gedanken daran lächelte er. Deshalb lief Oskar gleich nach dem Morgenkreis allein los in die Kita-Bücherei, um der Erste zu sein. Dort steuerte er auf das Regal zu, in dem das Tierlexikon seinen Platz hatte. Das wusste er genau. Doch als er davorstand, fand er es nicht. Wo war das Lexikon? Hektisch wanderten seine Augen die Regalreihen entlang. Das Buch stand einfach nicht an seinem Platz. Oskar knetete seine Hände. Ihm wurde ganz warm im Kopf und er wusste nicht, was er tun sollte.

„Kann ich dir helfen?", fragte Jakub, der Erzieher, der die Bücherei betreute.

Dankbar schaute Oskar zu ihm hoch und zeigte auf das Regal. „Wo ist das Tierlexikon? Weißt du das? Es gehört doch hier hin."

Jakub schaute mit Oskar noch einmal im Regal und dann auch in den anderen Bücherschränken. Doch es blieb einfach verschwunden.

Oskar konnte einen dicken Kloß in seinem Hals spüren. Es hatte keinen Sinn, weiterzusuchen. Das Lexikon war nicht da. Oskar ließ die Schultern hängen und lief mit leeren Händen zurück in den Raum der Froschgruppe. Er fühlte sich schlecht, aber das fiel erst einmal niemandem auf. Und dann bemerkte Hanife etwas.

„Was ist los?", fragte sie, als Oskar still und alleine am Fenster stand. Sie zog eine Grimasse und versuchte, ihn zum Lachen zu bringen. Doch Oskar hatte keine Lust. Er brummte nur unverständlich, ging weg und hockte sich zu Jamal, der gerade mit Lego an einem Hochhaus baute. Jamal war sein bester Freund, doch auch mit ihm wollte er nicht sprechen. Er war so traurig, dass er auch gar nicht wusste, was er sagen sollte. Es dauerte eine ganze Weile, bis Oskar doch etwas sagte, und dann war es nur: „Hmpf!" Dann war er wieder still.

„Hey, Oskar, sollen wir dein Büchereibuch lesen?", fragte Björn fröhlich. Oskar schaute Björn an und kniff die Lippen zusammen. Er atmete tief ein und schluckte. Bloß nicht weinen jetzt. Und dann zitterte seine Stimme doch, als er leise sagte: „Das geht nicht. Ich habe keins."

Oskar kullerte eine Träne die Wange hinab, als er erst Björn und kurz darauf dann auch Hanife, Jamal, Charlotta und

 15

Johanna erzählte, dass er sein Lieblingsbuch nicht hatte finden können. „Das Tierlexikon ist einfach weg. Ich hab überall gesucht." Er fühlte sich schon ein bisschen besser, nachdem er seinen Freunden alles berichtet hatte.

„Das kann doch gar nicht sein!", wunderte sich Charlotta. „Das Lexikon muss doch irgendwo sein."

Und Björn meinte: „Wenn es nicht im Regal in der Bücherei steht, dann hat es jemand ausgeliehen, und das wüsste Jakub doch."

Doch Oskar schüttelte den Kopf. „Nein, wir haben beide lange gesucht. Das Tierlexikon ist ja groß. Das sieht man doch. Aber es steht nicht im Regal. Es ist einfach gar nicht mehr da. Es kommt nie wieder! Es ist weg!" Oskar schniefte und ließ seinen Kopf auf die Brust sinken.

„Ich such das jetzt für dich!", rief Jamal. Er lief mit großen Schritten aus dem Gruppenraum. Oskar schaute ihm hinterher. Und stand dann langsam auf. Er glaubte nicht daran, dass Jamal das Buch in der Büchereiecke finden würde. Trotzdem ging er seinem Freund hinterher.

„Kommt, los, hinterher!", zischte Charlotta Johanna und Hanife zu.

In der Kita-Bücherei beobachtete Oskar, wie Jamal in jedes Regal und in jede Lücke schaute. Er tat das ganz konzentriert und schob dabei seine Zungenspitze aus dem Mund. Irgendwann ließ aber auch Jamal die Schultern hängen und zuckte die Achseln. „Es ist leider echt nicht da", sagte er.

Oskar schluckte und nickte. Er hatte es doch gewusst. Das große Tierlexikon war einfach weg. „Siehste! Es ist weg. Das ist so blöd", schniefte Oskar und wischte sich seine Nase an seinem Ärmel ab. Dann ballte er die Fäuste. „Und wenn das einer geklaut hat?" Oskar hatte den Satz kaum zu Ende gesprochen, da kreischte plötzlich jemand in der Garderobe. Ohne nachzudenken rannten die Kinder los. Da musste was passiert sein. Oskar war sich ziemlich sicher, dass der Schrei von seinem kleinen Bruder Onno kam. Deshalb lief er extra schnell.

Da die Garderobe der Frosch- und der Schildkrötengruppe direkt neben der Kita-Bücherei war, hatten die Kinder es nicht weit. Und tatsächlich: Dort saß Onno zusammen mit seiner Freundin Lina auf dem Boden. Die beiden hielten bunte Schnipsel in den Händen.

„Guckt mal, was ich gefunden haben", sagte Onno zu Oskar. „Da ist der Fuchs drauf, den du so magst."

Oskar hatte plötzlich ganz schwitzige Hände und einen riesigen Kloß im Hals. Das war der Fuchs aus dem Tierlexikon. Wie kam der denn hierhin? Und dann auch noch in Schnipseln. Hatte da jemand den Fuchs aus dem Buch gerissen?

„Hier liegt noch mehr Papier mit Tieren drauf", sagte Lina.

„Die sind ja alle aus dem Tierlexikon", sagte Oskar leise und schon wieder kamen ihm die Tränen. Wer machte denn einfach sein Lieblingsbuch kaputt? Wer konnte bloß so gemein sein?

„Das hat einer einfach kaputt geschnitten", meldete sich Onno jetzt. „Das darf man doch gar nicht!?"

„Oh, oh!", sagte Johanna leise.

Oskar zog schniefend die Nase hoch. „Und wo ist der Rest?", krächzte er und schaute fragend seinen kleinen Bruder an. Vielleicht wusste der ja was.

Aber Onno zuckte nur mit den Schultern. „Ich weiß nicht. Ich habe das auch nicht zerschnitten."

Hanife hatte sich auf den Boden gekniet und sah sich die Buchseiten ganz genau an. „Die sind nicht geschnitten", sagte sie nach kurzer Zeit. „Die hat jemand rausgerissen."

„Bücher kaputt machen ist schlimm", fügte Jamal hinzu. Die anderen Kinder nickten.

„Und jetzt?" Oskar schaute die anderen fragend an. Er wollte, dass seine Freundinnen und Freunde ihm jetzt halfen. Aber wie?!

„Na, jetzt suchen wir natürlich den Dieb!", sagte Johanna.

„Den Zerstörer!", rief Hanife. „Der muss gefangen werden!"

„Das ist ein Fall für uns, los!", rief Charlotta und bestimmte,

wo sie jetzt zuerst suchen würden. Oskar lief den anderen einfach nur hinterher. Er fühlte sich ganz schlapp. Den Schnipsel mit dem Fuchs hatte er mitgenommen und hielt ihn fest in der rechten Hand.

Sie fingen im Waschraum der Froschgruppe an, zu suchen, und schauten in alle Ecken. Dann liefen sie in den Forscherraum, in den Turnraum und dann wussten sie nicht mehr weiter. Nirgends war auch nur die kleinste Spur eines Diebes zu finden und auch keine weiteren Schnipsel. Enttäuscht seufzte Oskar leise.

Da hatte Onno eine Idee. Oskars kleiner Bruder rannte los und Oskar und die anderen liefen hinterher.

„Nicht rennen!", rief Kerstin ihnen nach, als sie in den Flur schaute. Aber die Kinder liefen einfach weiter. Die Erzieherin ging ihnen mit großen Schritten hinterher. „Stopp!", rief sie. Aber niemand hörte auf sie.

Atemlos rannten die Kinder einmal quer durch das ganze Gebäude. Im Hauptflur entdeckte Hanife plötzlich noch einen großen Papierschnipsel, der zum Tierlexikon gehörte.

„Da!", brüllte Onno und hielt ein weiteres Stück Papier hoch, auf dem ein grüner Frosch abgebildet war. „Noch einer. Bah, der ist ja richtig eklig nass."

Immer mehr Schnipsel lagen im Flur. Oskars Herz fingt plötzlich an, schneller zu schlagen. Sein Buch musste irgendwo hier sein! Zusammen mit Onno, Jamal, Hanife und den anderen folgte er der Spur.

„Fast wie bei ‚Hänsel und Gretel'", sagte Onno leise und kicherte. Oskar warf ihm einen grimmigen Blick zu. Er war wirklich traurig, sein Lieblingsbuch so in Fetzen zu sehen.

Die Kinder liefen bis zu der kleinen Sitzecke für die Eltern im Eingangsbereich. Hier standen ein paar Stühle, eine Bank und ein kleines Tischchen mit Zeitschriften und Kaffeebechern. Und da! Unter dem Tisch schaute ein grauer Hundepopo hervor.

„FUNNY!" Wie aus einem Mund riefen die Kinder den Namen der Hündin. Die kam mit gesenktem Kopf rückwärts unter dem Tischchen hervor und hielt in ihrem Maul die Überreste des Tierlexikons. Oskar schaute entgeistert, als er das zerbissene und vollgesabberte Buch sah. Was hatte Funny bloß mit dem schönsten Buch in der Kita-Bücherei gemacht? Ihm wurde ganz schlecht.

Inzwischen war auch Kerstin dazugekommen. „Nicht rennen in der Kita!", sagte sie streng und schaute dann entsetzt auf die Buchfetzen, die auf dem Boden verteilt lagen. „Was ist denn hier los?!", sagte sie überrascht. Dann fiel ihr Blick auf den Hund. Der gehörte der Kita-Leiterin Frau Klapperspecht und war häufig zu Besuch in der Kita.

„Oh, Funny", sagte Kerstin. „Das darf doch nicht wahr sein." Sie hockte sich hin, um das Schlamassel aus der Nähe zu betrachten.

Oskar hatte angefangen, die Schnipsel seines Lieblingsbuches aufzusammeln. Er wusste nicht, was er sonst tun sollte.

Angezogen von dem Trubel im Eingangsbereich kam nun Frau Klapperspecht dazu. „Wer hat denn hier Konfetti aus unserem guten Buch gemacht!?", rief sie überrascht.

„Das geht aber nicht!"

„Sagen Sie das mal Ihrem Hund!", rief Oskar aufgebracht. „Funny hat das schönste Buch der ganzen Kita kaputt gemacht." Seine Stimme wurde ganz schrill und es fühlte sich an, als ob ein Kloß in seinem Hals steckte. Der Hund drückte sich eng an das Bein von Frau Klapperspecht.

„Und wir sind Funny auf die Spur gekommen", ergänzte Hanife.

„Ihr seid ja eine richtige Detektiv-Bande", stellte Frau Klapperspecht fest und Oskar

21

merkte, dass sie überlegen musste, was sie jetzt sagen konnte. Sie kraulte erst einmal Funny hinter den Ohren.

„Stimmt!", triumphierte Jamal. „Wir sind die Kita-Bande. Und wissen Sie, was wir herausgefunden haben?" Frau Klapperspecht hob fragend die Schultern. Jamal grinste. „Na, dass wir dringend ein neues Tierlexikon für die Kita-Bücherei brauchen. Was sonst?! Das war doch sowieso schon alt."

Da musste selbst Oskar ein bisschen grinsen, obwohl er immer noch traurig war wegen des Buches.

„Das stimmt!", lachte Kerstin. „Aber wisst ihr was? Wir sammeln jetzt mal alle Buchreste ein und basteln etwas daraus. Wir können ja die Tiere ausschneiden und uns selbst dazu Geschichten ausdenken."

Oskar überlegte kurz, wie er das finden sollte, und dann rief er: „Na gut! Dann kann ich immerhin ein Stück von meinem Lieblingsbuch mit nach Hause nehmen." Oskar merkte, dass er sich leichter fühlte und es nicht mehr so schlimm fand, dass er heute das Tierlexikon nicht ausleihen konnte. Was für ein Glück, dass er so tolle Freunde hatte, die ihm geholfen hatten.

Das Geheimversteck

„Ich zeige dir was, Hanife", sagte Jamal geheimnisvoll an einem Samstagmorgen. Er zog seine neue Freundin zum Müllhäuschen im Hof. Jamal freute sich, dass er es war, der dem neuen Mädchen im Häuserblock jetzt ihr tolles Geheimversteck zeigen durfte. Oskar und er hatten es eines Tages entdeckt, als ihr Fußball hinter den Bambus gerollt war.

Die Kita-Bande hatte gestern beschlossen, dass Hanife nun zu ihnen gehören sollte und dass es Zeit war, ihr das Geheimversteck zu zeigen. Hinter Jamal und Hanife sprang Hanifes Dackel Heinz aufgeregt hin und her.

„Die Mülltonnen?", fragte Hanife verwundert. „Die kenne ich schon. Ich bring doch bei uns immer den Müll raus."

Jamal kicherte. „Nee, was viel Besseres. Etwas, das nicht stinkt. Etwas ganz Geheimes. Du wirst schon sehen." Er hoffte, dass die Überraschung gelingen würde und dass Hanife das Geheimnis nicht schon aus Versehen längst entdeckt hatte.

„Was ist es denn?", fragte Hanife neugierig. „Hast du was in den Mülltonnen versteckt?", riet sie.

Doch Jamal sagte nichts und grinste nur.

„Viel besser!", sagte Jamal. Er war sich jetzt sicher, dass Hanife nichts wusste.

Hanife stolperte über die Randsteine am Weg zu den Mülltonnen in das Beet, in das Herr Rosmarin gelbe und lilafarbene Stiefmütterchen gepflanzt hatte.

„Vorsicht!" Jamal schob Hanife zur Seite. „Nicht auf die Blumen treten."

Jamal und Hanife sprangen mit einem großen Satz über das Beet, aber Heinz lief einfach mittendurch, sodass die Blumen seinen Bauch kitzelten.

„Wo gehen wir denn jetzt hin? Sag doch endlich!", rief Hanife ungeduldig.

„Wir sind schon da! Mach die Augen zu", befahl Jamal und griff Hanifes Hand. Er zog das Mädchen durch eine grüne Wand aus Bambus.

„Huch!", entfuhr es Hanife, als die Blätter ihr Gesicht streiften. Jamal kicherte. Hinter ihnen quetschte sich der Dackel ebenfalls durch die Lücke zwischen den Bambuspflanzen. Auf den Bambus schimpfte Doris aus dem blauen Haus Nummer 12 immer so. „Der Bambus wächst wie Unkraut und den werden wir nie wieder los", hatte sie gestern wieder zu Jamal gesagt. Doris arbeitete in einer kleinen Gärtnerei am Rande der Stadt und sie wusste viel über Pflanzen. Trotzdem war Jamal anderer Meinung. Er fand den Bambus einfach nur super. Und mittendrin in dem riesigen Bambusbusch verbarg sich schließlich das Allerbeste: das Geheimversteck der Margarethenhof-Kinder.

 24

Das war eine richtige grüne Höhle mitten im Bambusgestrüpp. Nach oben war sie allerdings offen. Und wenn es regnete, wurde es nass. Das war aber nicht so schlimm. Viel wichtiger war, dass sie hier ungestört zusammensitzen konnten.

„Darf ich jetzt die Augen aufmachen?", rief Hanife ungeduldig und riss ihre Hand los.

„Ja, klar!", sagte Jamal. „Guck mal: Das ist unser Geheimversteck!"

„Überraschung!", riefen Onno, Charlotta und Oskar, die sich hier versteckt hatten.

Hanife drehte sich staunend einmal um die eigene Achse, dabei wäre sie fast auf Oskar, Onno und Charlotta getreten, die im Schneidersitz auf dem Boden saßen. „Wow! Das hätte ich ja nicht gedacht. So eine Höhle mitten im Hof", staunte sie.

Jamal gefiel es, dass Hanife so beeindruckt war von ihrem Geheimversteck. Er wurde gleich gefühlt ein Stückchen größer, so sehr freute er sich. „Hier findet uns keiner!", gab er stolz an. „Das ist ein megagutes Versteck."

„Wenn wir nicht gerade so laut sind, dass uns alle rund um den Busch hören können", kicherte Oskar.

Charlotta ergänzte: „Und auch nur, solange niemand im zweiten Stock aus dem Fenster guckt. Von da oben kann man nämlich ins Versteck hineinschauen."

 25

Hanife sah Charlotta an: „Echt jetzt? Dann kann man das von unserer Wohnung ja sehen. Das probier ich nachher gleich mal aus."

Jamal kratzte sich am Kopf. „Aber mach das heimlich, ohne deine Mama!", sagte er. „Die Eltern sollen alle nichts wissen von unserem Bandenversteck."

Hanife blickte ernst und nickte mit dem Kopf.

Da wackelte der Bambusbusch plötzlich und Johanna steckte ihren Kopf durch die grüne Wand. „Ihr seid ja schon alle da!", sagte sie. Sie quetschte sich in die Höhle. „Ganz schön eng hier mit so vielen Kindern!"

„Aber ziemlich gemütlich", stellte Hanife fest und lächelte Jamal an. Er grinste zurück. Es gefiel ihm, dass Hanife die Bambushöhle so gut fand wie er selbst.

Jamal beobachtete, wie Hanife sich umschaute. Ihr Blick wanderte durch das Versteck. In der Ecke standen zwei weiße Klappstühle und eine rote Plastikkiste, in der Sandspielzeug, Stöcke, Kastanien, ein Ball mit Micky-Maus-Aufdruck und ein dreckiger, pinkfarbener Schirm lagen. Daneben stand eine verschlossene Truhe.

„Die Sachen haben wir alle im Keller gefunden", erklärte Oskar. „Die Stühle sind von meiner Oma Hannelore. Und das ist unser Regen-Notfallschirm. Den hat einfach einer weggeschmissen. Versteh ich gar nicht." Er hob den Schirm an. Zwei der Speichen waren verbogen und ganz öffnen ließ sich der

Schirm auch nur schwer. „Darunter passen gequetscht drei Kinder", erklärte er.

„Die anderen werden dann nass", ergänzte Onno.

„Oder bringen eben eigene Schirme mit", sagte Jamal.

„Oder setzen Kapuzen auf", rief Johanna.

„Oooder sie halten sich die leere Kiste über den Kopf", kicherte Charlotta.

„Verrückt", sagte Hanife und setzte sich auf einen der weißen Klappstühle. Heinz sprang auf ihren Schoß und rollte sich ein.

„Ich habe ja echt nicht bemerkt, dass ihr hier ein Geheimversteckt habt, obwohl ich jeden Tag daran vorbeigelaufen bin. Ihr seid also eine richtige Bande?"

Jamal lachte. „Na klar!", sagte er stolz. „Wir lösen Rätsel, wir helfen Menschen und Tieren. Wir sind die allerbesten Freunde und gehen alle in dieselbe Kita. Deshalb sind wir die Kita-Bande!"

Hanife nickte. Dann sagte sie erst einmal nichts und dann fragte sie: „Kann ich da mitmachen?"

„Du bist doch schon längst eine von uns. Toll, dass du dazugehörst", rief Jamal und Charlotta legte ihren Arm um Hanifes Schultern. Onno und Jamal klatschten, Oskar trommelte auf der Lehne des Klappstuhls und Johanna grinste schief.

Die verletzte Amsel

Charlotta hatte sich mit Onno und Hanife verabredet, um im Geheimversteck der Bande zu spielen. Sie waren gerade mit Dackel Heinz auf dem Weg dorthin, als Charlotta direkt an den Blumenbeeten fast auf das schwarze Bündel getreten wäre, das mitten auf dem Weg lag. „Huch!", rief sie und blieb so abrupt stehen, dass Onno und Hanife in sie hineinstolperten. Heinz lief weiter, überholte Charlotta und stellte neugierig die Ohren auf. Er machte ein dumpfes „Wuff!".

„Was liegt da?", fragte Hanife neugierig. „Ist das ein Pulli?" Charlotta beugte sich nach vorne und hielt Heinz schnell am Halsband fest. Dann kniete sie sich hin. Heinz lehnte sich nach vorne und schnupperte plötzlich ganz aufgeregt. Er zitterte am ganzen Körper und Charlotta konnte den Hund kaum festhalten. Sie schaute genauer auf das Bündel und zuckte zusammen, als es sich bewegte. Das war auf keinen Fall ein Pulli. Es war ein Tier!

„Nee, das lebt. Das ist ein Vogel!", rief Charlotta.

„Der hat was mit seinem Flügel. Guckt mal."

Das schwarze Bündel bewegte sich ruckartig und piepste leise aus seinem gelben Schnabel. Einer der beiden Flügel stand in einem seltsamen Winkel vom Körper ab. Das tat

ganz sicher furchtbar weh, dachte Charlotta sofort. Sie stellte sich vor, wie ihr eigener Arm aussähe, wenn er so abgeknickt wäre. Der Gedanke daran ließ sie zusammenzucken.

Onno streckte seine Hand in Richtung des Vogels aus und zog sie dann doch wieder schnell zurück.

„Oh, der Arme!", rief Hanife und ging neben Charlotta in die Hocke. Sie griff nach Heinz' Halsband, damit Charlotta ihn nicht mehr festhalten musste, umarmte ihren Dackel mit beiden Armen und drückte ihn fest an sich. Heinz zappelte.

„Lass den Vogel in Ruhe, Heinz. Der hat ein Aua", sagte Charlotta. Sie schaute wieder auf den verdrehten Flügel und in ihrem Bauch zog es unangenehm. Der Flügel tat dem armen Kerl bestimmt furchtbar weh. Der Vogel zappelte. Sein Piepsen klang verzweifelt. „Oh Gott, wir müssen was machen!", rief Charlotta. Sie sprang auf und schaute sich hilfesuchend im Hof um. Sie lief ein paar Schritte in die eine Richtung und dann in die andere. Die Kinder waren alleine. Sie sah keinen Erwachsenen. Warum war denn nicht mal der unfreundliche Herr Dissen irgendwo hier? Der tauchte doch sonst immer auf, wenn man ihn nicht brauchte, dachte Charlotta. Selbst über ihn würde sie sich jetzt freuen. Ihre Eltern waren noch auf der Arbeit. Sie ließ den Blick über die Balkone wandern. Irgendjemand Erwachsenes musste aber doch da sein. Was sollten sie denn sonst tun? Charlotta war langsam verzweifelt. Sie schaute zu Hanife und Onno. Die beiden starrten auf den Vogel und sagten gar nichts. Charlotta kletterte mit den Augen

 30

an den Häusern nach oben. „Johanna!", rief sie erleichtert. Sie hatte ihre Freundin entdeckt, die mit den Katern Döner und Pommes auf ihrem Balkon stand und jetzt in den Innenhof schaute. „Johanna, wir haben einen verletzten Vogel gefunden. Dem müssen wir helfen. Schnell, hol deine Mama!"

Johanna schüttelte den Kopf. „Mama ist nicht da, die ist kurz zu Oma, um ihr was zu bringen. Warte, ich komm runter."

Johannas Kopf verschwand und auch Döner sprang nach innen von der Balkonbrüstung. Der getigerte Pommes hingegen blieb sitzen und beobachtete, was im Hof geschah. Charlotta war froh, dass Johanna dazukam. Die kannte sich gut mit Tieren aus. Vielleicht hatte sie eine Idee, was sie jetzt tun konnten, um dem Vogel zu helfen.

Kurz darauf stand Johanna neben Charlotta und beugte sich zögerlich über den zappelnden Vogel. Sie schlug vor Schreck die Hand vor den Mund.

„Oh nein, das ist die Amsel, die immer in der Birke sitzt und singt", rief sie schrill. Sie war kurz davor, loszuweinen. „Die braucht dringend Hilfe. Ich will nicht, dass sie stirbt. Wir müssen was machen. Los!"

„Ich weiß!", rief Charlotta. „Hast du keine Idee, was man da machen kann?"

Johanna zuckte mit den Achseln und schaute hilflos zu der Amsel. „Zum Arzt muss sie bestimmt. Aber wie?"

Da sah Charlotta, dass Onno die Amsel auf den Arm nehmen wollte. „Nicht!", rief sie, griff schnell nach seiner Hand, hielt sie fest und schüttelte den Kopf. Onno verstand. Charlotta atmete einmal tief durch. Dann überlegte sie, wer sich im Häuserblock so richtig gut mit Tieren auskannte. „Josefine!", rief Charlotta. „Josefine muss kommen."

Josefine Herzberger mochten die Kinder aus dem Margarethenhof besonders gerne. Sie hatte immer ein offenes Ohr für Charlotta und ihre Freunde und steckte ihnen öfter mal ein paar Plätzchen oder Bonbons zu. „Johanna, kannst du bei ihr klingeln?" Johanna nickte und rannte sofort los. Charlotta sah, dass die Amsel flatterte und über den Asphalt kroch. Sie mussten sie aufhalten! Nicht, dass sie sich noch mehr wehtat. Sie bräuchten etwas, wo sie den Vogel hineinsetzen könnten. „Wenn wir nur eine Kiste oder so etwas hätten!", murmelte Charlotta und kratzte sich nachdenklich am Kopf.

„In der Altpapiertonne ist doch bestimmt ein Karton", rief Hanife und zerrte schon den widerwilligen Heinz hinter sich her zu den Mülltonnen. Charlotta sah, dass Hanife froh war, endlich etwas tun zu können. Sie selbst fühlte sich nutzlos, wie sie einfach nur neben der Amsel saß und ihr zusah, wie sie hilflos flatterte.

Ungeduldig schaute sie hinüber zu Hanife, die mit einem Fuß auf der Hundeleine stand und mit beiden Händen einen Pappkarton aus der blauen Tonne zog.

Endlich! Da kam Johanna mit Josefine angelaufen und gleichzeitig bog Johannas Mutter um die Ecke. Charlotta fiel ein Stein vom Herzen. Sie war richtig erleichtert. Endlich waren

Erwachsene da, die ihnen helfen konnten. Sie atmete laut aus. „Kommt her!" Sie winkte mit beiden Armen und zeigte auf die verletzte Amsel auf dem Boden. Sie lag inzwischen nur noch ganz matt da und bewegte sich kaum.

„Ach, du arme Amsel!" Josefine kniete sich neben den Vogel. „Was ist denn mit deinem Flügel passiert? Dann sind so viele Menschen hier. Und der Hund erst. Das macht dir doch bestimmt Angst. Wir helfen dir jetzt. Ganz ruhig."

Charlotta half Hanife dabei, den Karton aufzufalten und zusammenzustecken. „Da können wir die Amsel reintun", sagte sie zu Josefine.

„Oh, der Karton ist perfekt", sagte Josefine ruhig. Sie hatte ihre Gartenhandschuhe mitgebracht. Die
zog sie sich an und hob die Amsel vorsichtig auf, ohne den verletzten Flügel zu berühren. Johannas Mama hielt ihr den Karton hin und Josefine legte die leise piepsende Amsel vorsichtig hinein. Charlotta hatte eine Idee. Sie griff in ihre Rocktasche und breitete ihr aufgefaltetes Halstuch über den Karton.

„Tolle Idee!", meinte Josefine und lächelte Charlotta freundlich zu. „So fühlt sie sich bestimmt gleich wohler."

„Und jetzt?", fragte Charlotta. Sie freute sich über das Lob von Josefine, aber machte sich Sorgen um die kleine Amsel. „Zum Tierarzt vielleicht?"

„Ja, zum Arzt", sagte Josefine. „Ich habe eine Idee: Wir fahren mit meinem Auto in die Taubenklinik nach Glücksdorf. Die kennen sich mit Vögeln aus und die helfen auch unserer Amsel. Dann sitzt sie bald wieder hier bei uns im Baum und singt. Keine Sorge."

„Das wäre schön", sagte Charlotta leise und wischte sich eine kleine Träne aus dem rechten Auge. „Ich komm mit!"

Josefine nickte. „Zwei Kinder können mitfahren", sagte sie. „Wer noch?"

„Johanna", sagte Hanife entschieden. „Ich muss doch bei Heinz bleiben." Und auch Onno nickte.

„Darf ich?", fragte Johanna ihre Mama und sah sie bittend an. „Ja, klar." Sie strich Johanna über den Kopf und drehte sich dann zu Josefine. „Ich fahre auch mit, wenn noch Platz ist."

Josefine lachte. „Dann nichts wie los!"

In Josefines bunt angemaltem Kombi fuhren sie in die Taubenklink. Die Kinder saßen auf dem Rücksitz, den Amselkarton

in der Mitte. Charlotta staunte. Dieses knallbunte Auto hatte sie noch nie von innen gesehen. Es war wirklich von oben bis unten bunt. Von Josefines Rückspiegel baumelte ein Traumfänger herab und in einem Fach des Armaturenbretts hatte sie mehrere Kakteen eingepflanzt.

„Verrückt", flüsterte Charlotta.

Johannas Mutter saß auf dem Beifahrersitz, über den gemusterte Tücher gebreitet waren. Sie rief mit dem Handy in der Klinik an, um Bescheid zu geben, dass sie mit einer verletzen Amsel vorbeikommen würden.

Und dann ging alles ganz schnell. Kaum waren die vier mit der Amsel in der Taubenklinik angekommen, wurden sie auch schon aufgerufen und durften ins Untersuchungszimmer durchgehen. Charlotta erzählte der Ärztin, wo und wie sie die Amsel gefunden hatten. Dann wurde sie untersucht. „Die Amsel hat einen gebrochenen Flügel. Aber ansonsten ist sie fit", stellte die Ärztin fest. „Das wird bald wieder. Sie darf sich in der nächsten Zeit nur nicht viel bewegen. Den Flügel fixieren wir gut und die Knochen wachsen dann schnell wieder zusammen."

Mit einem kräftigen „Puh!" atmete Charlotta erleichtert aus. Zum Glück wird unsere Amsel wieder ganz gesund, dachte sie. Hoffentlich fliegt sie bald wieder bei uns im Hof umher.

„Jetzt brauche ich eure Hilfe", sagte die Ärztin und wandte sich an Johanna und Charlotta. „Welche Farbe soll das Klebeband haben?" Die Ärztin hielt den Mädchen drei Rollen entgegen. Eine war pink, die zweite türkis und die dritte gelb. Charlotta sagte: „Pink!"

Genau im selben Moment rief Johanna: „Türkis!"

Charlotta und Johanna lachten beide. Das tat gut! Charlotta sah ihre Freundin an und merkte, dass Johanna genauso erleichtert darüber war wie sie selbst, dass die Amsel wieder gesund werden würde. Und dann sagten die Mädchen gleichzeitig: „Gelb!" und brachen erneut in Gelächter aus.

Bald darauf verließen die fünf die Taubenklinik wieder. Die Amsel hatte einen wunderbar leuchtend gelben Verband und Schmerzmittel bekommen. Sie würde wieder gesund werden. Charlotta fühlte sich so leicht wie eine Wolke und pfiff vergnügt.

Als sie zurück zum Margarethenhof gefahren waren, erwarteten die anderen sie schon. Hanife, Onno, Jamal und Oskar standen im Torbogen. Weiter durften sie nicht gehen, deshalb riefen sie ihnen Fragen entgegen, sobald Charlotta die Autotür

geöffnet hatte. Aufgeregt wollten sie alles aus der Klinik erfahren. Charlotta lachte. „Wir erzählen euch gleich alles."

Sobald sie durch den Torbogen in den Hof gegangen waren, erzählten Charlotta und Johanna natürlich ganz ausführlich, was sie erlebt hatten.

„Wo soll die Amsel denn jetzt hin?", fragte Oskar. „So können wir sie doch nicht auf die Wiese setzen. Serafina fängt sie doch sofort oder Heinz."

Onno rief: „Oh nein!"

„Das will ich auch nicht", sagte Johanna sofort und schaute entsetzt. Josefine legte ihr einen Arm um die Schulter. „Das passiert auch nicht. Die Taube bekommt das alte Meerschweinchengehege auf meinem Balkon, bis sie wieder gesund ist, und dann setzen wir sie wieder in die Wiese. Einverstanden?"

Die Kinder nickten. Charlotta war ein bisschen enttäuscht, dass die Amsel nicht bei ihr bleiben konnte, wo sie sie doch gefunden hatte. Aber gleichzeitig dachte sie, dass sich Josefine bestimmt besser kümmern konnte als sie selbst oder eines der anderen Kinder.

„Jetzt braucht die Amsel aber auch einen Namen", fiel Johannas Mama auf. „Wie soll sie denn heißen?"

Wie aus einem Mund riefen die Kinder: „Josefine!"

Josefine schaute entrüstet, aber man konnte an ihren blitzenden Augen gut sehen, dass sie sich eigentlich sehr freute, Namenspatin für die kleine Amsel zu sein.

Frau Wunder mit dem Löffel im Haar

Hanife hatte ihre Straßenkreide aus den Umzugskisten gewühlt und war allein in den Hof gegangen. Mama räumte die ganze Zeit in der Wohnung rum und Hanife war ihr immer nur im Weg gewesen, egal, was sie tat. Jetzt lag sie mit dem Bauch auf dem sonnengewärmten Asphalt und malte ganz in Gedanken versunken. Zuerst war ihr Dackel Heinz dran, der lag nämlich direkt neben ihr. Daneben malte sie ein großes Herz. Auf der anderen Seite des Hofs entdeckte Hanife Serafina, die über den Weg huschte. Serafina kletterte über ihre Katzentreppe auf den Balkon von Frau Golba, setzte sich zwischen zwei Blumentöpfe und putzte sich. Hanife fand das süß und begann, die Katze zu zeichnen. Sie war so konzentriert, dass sie nicht merkte, dass ihre Freundin Johanna plötzlich vor ihr stand. „Ich mag auch malen. Gibst du mir Kreide ab?" Hanife lächelte überrascht und nickte kurz. Sie schob Johanna die Kiste mit den Kreidestücken rüber und malte weiter.

Um Serafina herum zeichnete sie noch Linien, damit man den Balkon erkennen konnte. Jetzt noch schnell die Katzentreppe dazu. Perfekt! Hanife freute sich über ihr schönes Bild. Dann schaute sie zu Johanna. Die malte ihre beiden eigenen Kater Pommes und Döner und einen Regenbogen.

„Wow!", rief Josefine Herzberger von ihrem bunt dekorierten Balkon im Erdgeschoss und winkte. „Das sind ja tolle Bilder. Die sehen fröhlich aus und bringen gute Laune in den Margarethenhof. Malt mehr davon!" Sie grinste und fütterte die Amsel Josefine, die in einem Käfig auf dem Balkontisch stand. „Geht es ihr wieder besser?", fragte Hanife. Die Amsel hatte einen verletzten Flügel und lebte deshalb vorübergehend bei Josefine, um sich von ihrer Verletzung zu erholen. „Ja! Nicht mehr lange und sie kann wieder aus ihrem Baum heraus zwitschern", lachte Josefine Herzberger und verschwand wieder in ihrer Wohnung. Hanife freute sich, dass die Amsel bald wieder ganz gesund sein würde. Zum Glück waren sie und ihre Freunde vor ein paar Wochen rechtzeitig da gewesen und hatten die verletzte Amsel entdeckt.

„Was macht ihr denn da?" Hanife wurde plötzlich unsanft aus ihren Gedanken gerissen. Der unfreundliche Herr Dissen stand an seiner Balkonbrüstung und schaute missmutig auf Hanifes und Johannas Bild hinunter.

Hanife wusste erst nicht, was sie sagen sollte. War es vielleicht verboten, hier mit Kreide zu malen? Da Johanna nichts sagte, stand Hanife auf und klopfte sich die bunten Hände an ihrer Hose ab. „Wir malen!", sagte sie mutig. „Haben Sie den Regenbogen gesehen? Der ist schön, oder?"

„Ja, ja, Regen", murmelte Herr Dissen und schüttelte den Kopf. „Hoffentlich kommt der bald. Dann enden die Kritzeleien im Gully, wo sie hingehören." Und damit verschwand der grummelige Nachbar wieder.

Verunsichert von Herrn Dissens Gezeter schaute Hanife auf ihre Füße. „Aber Herr Dissen", flüsterte sie. „Unsere Bilder sind doch schön!" Das hätte sie wirklich gern laut gebrüllt. Aber sie traute sich nicht. Wenn Charlotta jetzt da wäre, die hätte das bestimmt gemacht. Die war so richtig mutig. Hanife war noch ganz in Gedanken, als ein Schatten auf ihren Regenbogen fiel. Jemand, der Strumpfhosen trug und keine Schuhe, hatte sich zwischen Hanife und die Sonne gestellt.

Hanife schaute hoch und sah eine alte Frau, die sich die Bilder anschaute und dabei mitten auf dem Gemalten stand.

Hanife stupste Johanna mit dem Ellenbogen an und zeigte auf die Füße. Jo-

40

hanna lächelte und nickte. Dann stand sie auf und stellte sich neben die seltsame Dame.

„Hallo, Frau Wunder!", sagte Johanna. „Ist das nicht ein schönes Bild?"

„Ich habe vergessen, die Blumen zu gießen, Mama. All die schönen Blumen", sagte die Frau, die Johanna Frau Wunder genannt hatte, und drehte sich im Kreis. Eine seltsame Dame war das, fand Hanife. Sie sah den blauen Rock der Frau an. Er war verdreht, der Reißverschluss war vorn statt hinten und auf dem Stoff klebten hellrote Flecken. Sie sahen aus wie Erdbeermarmelade. Ihre langen grauen Haare hatte die Frau zu einem Knoten geschlungen und darin steckte ein Teelöffel. Hanife musste noch einmal hingucken. Sie konnte es nicht glauben. Aber genau so war es: Frau Wunder hatte einen Teelöffel als Haarspange genommen. Wie seltsam, dachte Hanife und kicherte leise. Johanna sah sie böse an und schüttelte den Kopf. Dann sagte sie freundlich zu der Frau: „Frau Wunder, haben Sie keine kalten Füße?"

„Die Blumen! Die Blumen!", rief Frau Wunder. „Ich habe sie vergessen."

Hanife fühlte sich nicht wohl. Die Frau war wirklich komisch. Am liebsten wäre sie weggelaufen. Aber Johanna schien sie zu kennen. Die wunderte sich auch überhaupt nicht, dass die

 41

Frau so sonderbar aussah und so merkwürdige Sachen sagte. Das fand Hanife fast noch seltsamer.

Johanna beugte sich zu Hanife herunter. „Kannst du kurz aufpassen, dass Frau Wunder nicht aus dem Hof geht? Ich hole ihren Sohn."

Hanife nickte langsam, aber am liebsten hätte sie den Kopf geschüttelt. Denn eigentlich wollte sie auf gar keinen Fall mit dieser Frau alleine sein. Und dann sollte sie auch noch auf sie aufpassen? Wie sollte das denn gehen? Aber Johanna hatte das so ernst gesagt. Sie wusste offenbar genau, was jetzt zu tun war. Da traute sich Hanife nicht, zu widersprechen. Trotzdem fühlte sie sich unsicher und unwohl. Sie hoffte so sehr, dass Johanna schnell wie der Blitz wieder zurück sein würde und dass die Frau einfach blieb, wo sie war, bis ihr Sohn kam. Was hatte sie bloß? Warum hatte sie keine Schuhe an und einen Löffel im Haar? Hanife hatte noch nie jemanden gesehen, der so verrückt war. Zumindest keine erwachsene Person.

Die Frau mit dem Teelöffel in den Haaren ging ein paar Schritte. Hanife zuckte zusammen. „Oh nein!", flüsterte sie und dann sagte sie laut: „Frau Wunder, was ich Sie schon immer mal – ähm – fragen wollte. Ähm … Wie macht man sich eigentlich so eine schöne Frisur?" Sie deutete auf Frau Wunders Haarknoten und lächelte sie an. Doch die reagierte überhaupt nicht auf Hanifes Frage und schaute einfach durch sie hindurch. Frau Wunder ging wieder ein paar Schritte und sagte nur „Die Blumen. Ich muss endlich die Blumen …"

Mist, das klappte ja überhaupt nicht mit dem Aufpassen! Hanife bekam ganz schwitzige Hände. Was, wenn Frau Wunder noch weiter weglief? Sollte sie sie einfach festhalten? Das ging ja auch nicht. Also musste schnell ein anderes Thema her. Ein Besseres! Hanife schaute sich um und ihr Blick fiel auf Heinz. Heinz! Den mochten doch immer alle. Bestimmt die alte Frau auch. Neuer Versuch. Hanife atmete tief durch. „Frau Wunder, gucken Sie mal! Das ist Heinz, mein Dackel. Der echte Heinz. Ist der nicht süß?! Und hier auf dem Boden ist der gemalte Heinz. Ich habe ihn gemalt, weil ich ihn so gerne mag. Und sehen Sie da hinten Serafina? Die Katze von Frau Golba? …" Hanife redete und redete und hoffte, dass die Frau dadurch stehen blieb und dass Johanna schnell zurückkam, aber Frau Wunder hörte gar nicht zu. Gerade als Hanife dachte, ihr gehe die Luft aus, und Frau Wunder wieder in Richtung Torbogen ging, kamen Oskar und Jamal herangeschlendert. „Gott sei Dank!", rief Hanife. Jamal nickte Hanife zu und rannte zu Frau Wunder. Hanife sah, dass Jamal verstanden hatte. Er hakte sich bei Frau Wunder unter, zeigte auf die Blumen auf Josefine Herzbergers Balkon und sagte zu Frau Wunder: „Du hast so schöne Blumen. Du hast sie wohl gut gegossen!" Hanife konnte es kaum glauben, Frau

Wunder lächelte. Sie schaute auf die Blumen und sagte: „Ach, meine Schätzchen!"

Und endlich kam Johanna wieder. Neben ihr lief ein Mann mit Sorgenfalten auf der Stirn in großen Schritten auf Frau Wunder zu und legte einen Arm um ihre Schultern.

„Mama, da bist du ja! Wir haben dich schon vermisst. Wo wolltest du denn hin? Es gibt Kaffee und ich habe einen Kuchen gebacken. Den Apfelkuchen, den du so gern magst. Lass uns mal reingehen."

Frau Wunder schaute den Mann mit großen Augen an und sagte dann: „Ach, Schätzchen, mein Schätzchen. Wo warst du denn?" Dann streichelte sie ihm mit der Hand über die Wange.

Der Mann drehte sich zu Hanife, Johanna, Oskar und Jamal um. „Danke, dass ihr Bescheid gesagt und aufgepasst habt", flüsterte er und zwinkerte ihnen zu. Dann verschwand er mit seiner Mutter im Haus.

Hanife ließ sich auf die Wiese fallen und Heinz rollte sich direkt neben ihr ein. „Puh, was ist mit der Frau?", fragte sie.

Johanna antwortete: „Frau Wunder hat eine Krankheit. Ihr Gehirn funktioniert nicht mehr richtig. Deshalb vergisst sie manchmal, wohin sie geht oder wie die Dinge richtig funktionieren. Und wir Kinder passen ein bisschen auf sie auf, wenn sie sich verläuft."

Hanife nickte. „Dann holt ihr ihren Sohn und sie kommt wieder nach Hause?"

„Genau!", sagte Jamal.

„Das ist aber schön", flüsterte Hanife und streichelte nachdenklich über Heinz' Fell. Ihr war es etwas unangenehm, dass sie Angst vor Frau Wunder gehabt und sie komisch gefunden hatte. Dabei war sie doch nur krank. Wie traurig das war! Ihr Sohn hatte auch so sorgenvoll geschaut. Und dann dachte Hanife daran, wie gut ihre Freunde gewusst hatten, was zu tun war, und wie schnell sie geholfen hatten. Hier im Margarethenhof passten alle aufeinander auf. Jetzt lächelte Hanife. So toll wie hier konnte es nirgendwo anders sein!

Der Hof-Flohmarkt

Onno saß allein im Sandkasten und ließ seine Autos auf der Umrandung hin- und herfahren. Ab und zu schubste er eines über den Rand, das in den Sand plumpste, und machte mit seinem Mund ein ploppendes Geräusch dazu.

„Mach sie nicht kaputt!", sagte Charlotta zu ihm. „Die kannst du lieber noch verkaufen."

„Verkaufen?" Onno sah Charlotta mit großen Augen an. „Warum soll ich die denn verkaufen?" Onno war stolz auf seine Autosammlung. Eva, die Freundin seiner Mama, hatte ihm extra aus Stoff eine Autogarage genäht, damit er seine Lieblingsautos immer überallhin mitnehmen konnte. Jeden Abend reihte Onno seine Lieblingsautos auf seinem Maltisch direkt an der Kante auf, damit er gleich alle sehen konnte, wenn er morgens wach wurde. Wofür sollte das denn gut sein, sie zu verkaufen?

„Ich habe ganz viele Sachen aussortiert", erzählte Charlotta und balancierte auf den schmalen Steinen, die das Beet von Herrn Rosmarin umrandeten. „Richtig viel. Ich möchte so gerne Rollschuhe mit Blinkerollen haben. Dafür will ich die

Sachen verkaufen. Und wenn ich dann das Geld zusammen habe, gehe ich zu Wollpert und kaufe mir die Rollschuhe."

„Ich will auch Rollschuhe!", rief Onno aufgeregt. „Oder eine Tankstelle für meine Autos. Oder eine Meerjungfrau, die blinken kann!" Plötzlich war Onno hellwach. Man konnte seine Sachen einfach verkaufen und dann wieder neue kaufen? Das hatte er noch nie gehört. Das war ja toll!

„Na, dann verkauf doch einfach ein paar Autos und dann hast du auch Geld und kannst dir etwas Neues kaufen. So wie ich!", schlug Charlotta vor. „Morgen ist Flohmarkt hier im Hof. Mein Papa will auch voll viel verkaufen. Bücher und alte Fotoapparate und Schallplatten und so was. Von dem Geld wollen wir einen Urlaub am Meer machen mit dem Zelt. Das hat er mir versprochen. Dann kann ich da mit meinen blinkenden Rollschuhen auf dem Deich rumfahren."

Onno überlegte nicht lange. „Da mach ich mit! Ich sag Oskar Bescheid und Mama und Papa. Und dann können wir auch in den Urlaub fahren. So wie ihr. Und Rollschuhe kaufe ich mir auch."

Am Nachmittag saß Onno im Kinderzimmer auf dem Boden. Um ihn herum lagen seine Autos, ein paar Puzzles, Bücher, verschiedene Spielfiguren und Stofftiere. Neben ihm stand ein großer türkisfarbener Wäschekorb. In den legte Onno alles Mögliche. Er hörte gar nicht mehr auf, weil es so viel Spaß machte, darüber nachzudenken, wie viele neue Sachen er

sich würde kaufen können. Onno hatte immer mehr Ideen. Eine richtige Taschenlampe wollte er haben, so wie Oskar, und Sterne, die im Dunkeln über seinem Bett leuchteten.

Onno hatte sogar Oskar angesteckt. Der sortierte auch ein paar Sachen für den Flohmarkt aus. Oskar wollte die kleine Autogarage verkaufen, von der die Rampe abgebrochen war, ein Stoffschwein für Babys und ein paar Figuren, die er in Schokoeiern gefunden hatte. Onno sah, dass Oskars Stapel aber viel kleiner war als seiner, und ein Lächeln huschte über sein Gesicht.

„Ich kriege bestimmt viel mehr Geld als du", triumphierte Onno.

Als Papa den Kopf ins Kinderzimmer steckte und fragte: „Willst du das wirklich alles verkaufen?", nickte Onno heftig mit dem Kopf.

Papa schaute etwas schief, aber half Onno, alles in eine große blaue Tüte zu packen. So würden sie die vielen Sachen morgen einfacher nach unten in den Hof tragen können. Oskars Sachen passten in seinen kleinen Büchereibeutel. Den legte er neben Onnos. Papa hatte auch ein paar Sachen aussortiert. Mama hatte einige weiße Vasen in den Wohnungsflur gestellt und Schuhe, die sie nie anzog.

Am nächsten Morgen schlug Onno die Augen auf, als es noch dunkel war. Er spürte so ein Kribbeln in den Füßen und wusste gleich, dass heute Flohmarkt-Tag war. Er sprang mit

einem Lächeln im Gesicht aus dem Bett und mit einem lauten „Oskar! Gleich ist Flohmarkt!" weckte er seinen Bruder und hopste auf dessen Bett wie auf einem Trampolin. Das Bett quietschte, Onno quietschte und Oskar motzte. Onno war sich sicher, dass Oskars Gemotze schuld daran war, dass kurz darauf Mama verschlafen in der Tür stand und sich über die Lautstärke beschwerte. „Es ist noch mitten in der Nacht!", gähnte sie. „Wollt ihr nicht noch ein bisschen schlafen?"

Onno war überrascht. Die Nacht war doch schon lang vorbei. Er schaute schnell aus dem Fenster. „Nee, es ist doch schon hell. Und wir haben ausgeschlafen. Heute ist doch Flohmarkt. Kommt, wir müssen die Sachen aufbauen." Onno freute sich und vor lauter Aufregung konnte er gar nicht still sitzen. Er wollte endlich los. Er sprang aus Oskars Bett, rannte zu seiner blauen Tüte und zerrte sie bis zur Wohnungstür. Dabei stieß er sich seinen Zeh an.

„Au!", schrie er laut und ließ sich auf den Boden fallen. Jetzt war auch Papa wach. Er kam verstrubbelt aus dem Schlafzimmer. „Habe ich verschlafen?", fragte er. „Ist es schon Zeit für Flohmarkt?"

„Ja!", schrie Onno.

Und „Nein", sagte Mama, die Onno auf den Arm genommen hatte, um seinen angestoßenen Zeh zu pusten. „Es ist Zeit für ein Familienpicknick auf dem Sofa. Hilft mir jemand?"

Kurz darauf saß die ganze Familie noch im Schlafanzug und in dicke Decken gewickelt auf dem Sofa und frühstückte

 49

Bananenbrot von gestern. Dazu gab es Kakao und Kaffee und Papa las aus dem neuen Bilderbuch vor, in dem ein Biberkind eine Menge Quatsch machte.

„So, jetzt machen wir aber Flohmarkt!", rief Onno ungeduldig, als das Buch zugeklappt und das Bananenbrot bis auf den letzten Krümel vertilgt war. Er zog sich sogar ausnahmsweise selbst an und stand so lange ungeduldig an der Tür, bis sie endlich in den Hof gingen.

Onno half Papa dabei, den schweren großen blauen Beutel zu tragen, und suchte im Hof den schönsten Platz aus. Das war gar nicht schwer, denn außer ihnen war noch gar keiner hier. Onno packte seine Schätze aus. Auf der Picknickdecke mit den grünen Streifen ordnete er alles sorgfältig an. Die Autos standen nebeneinander vorne an der Kante, so wie im Kinderzimmer immer auf dem Maltisch. Die Puzzles legte er ordentlich Seite an Seite dahinter. Dazwischen fand der ganze Kleinkram Platz und ganz hinten saßen die Stofftiere eines neben dem anderen aufgereiht. Onno war sehr zufrieden mit seiner Ordnung. Er stellte sich stolz neben seine Decke und schaute sich um. Oskar hatte seine Sachen auf eine Babydecke neben Onnos Decke gelegt und war danach zur Tischtennisplatte gelaufen, um die er im Kreis lief und versuchte, mit einem weichen Fußball mit sich selbst Tischtennis zu spielen. Mama

und Papa breiteten währenddessen gähnend ihre Vasen, Bücher und Schuhe auf dem Klapptisch aus.

„Wo bleiben denn die anderen?", rief Onno ungeduldig. „Vor allem die, die das Geld bringen!?"

Mama lachte. „Wir müssen noch ein bisschen warten. Es ist früh. Komm, ich lese dir noch etwas vor."

Zwei Stunden später herrschte im Margarethenhof richtig gute Stimmung. Onno saß auf seiner Picknickdecke und wippte zur Musik, die jemand eingeschaltet hatte. Konzentriert beobachtete er eine bunte Wimpelkette, die über ihm zwischen den Bäumen wehte. Die hatten Hanife und ihre Mutter mitgebracht und Onno fand, dass sie sehr gut zu seinen bunten Autos passte.

„Magst du eine?", fragte Josefine, die mit einem Tablett frisch gebackener Zimtschnecken herumging. Das wird ja immer toller, dachte Onno und nickte begeistert. Sie reichte ihm eine und schaute auf seine Spielzeugauswahl. „Du hast aber viele schöne Sachen aussortiert", staunte Josefine und Onno nickte wieder.

Bald kamen auch die ersten Leute durch den Torbogen, die sich die Verkaufsstände anschauten. Es dauerte ewig, bis auch jemand zu ihm kam, fand Onno. Aber dann stand da ein Mann mit zwei Kindern und die schauten sich die Sachen auf Onnos Decke an. Onno freute sich. Gleich würde er Geld bekommen.

Die Kinder suchten sich drei Autos und zwei Puzzles aus. „Wie viel Geld kosten die Sachen?", fragte der Mann. Und Onno wusste gar nicht, was er sagen sollte. Er zuckte mit den Schultern. „Da muss ich meine Mama oder meinen Papa fragen."
Aber die waren gerade nicht da. Sie standen in der anderen Ecke des Hofes und sprachen mit Frau Golba und dem Sohn von Frau Wunder.
„Was hältst du davon, wenn ich dir zehn Euro gebe?", fragte der Mann. Onno nickte.
Der Mann gab ihm einen Schein in die Hand und die Kinder steckten die Autos und Puzzles in einen Beutel und dann gingen sie weg. Aber Moment, was machten die denn da!?

„Das sind doch meine Sachen!", rief Onno hilflos. „Ihr könnt die doch nicht einfach mitnehmen." Ihm wurde auf einmal ganz heiß und er hatte einen Kloß im Hals. „Lasst meine Sachen hier!", schrie er jetzt so laut er konnte hinter den Kindern her. Seine Stimme war lauter als die Musik, die im Hof spielte, und so laut, dass Charlotta ihn gehört hatte. Sie kam quer durch den ganzen Hof auf ihn zugerannt. Der Mann und die beiden Kinder waren stehen geblieben und schauten Onno verwirrt an. Onno sah die drei nur verschwommen, denn inzwischen liefen dicke Tränen seine Wangen herunter.

Charlotta nahm ihn in den Arm und tröstete ihn. „Was ist denn los?", fragte sie.

„Die nehmen einfach meine Sachen mit!", schluchzte Onno. „Meine schönen Spielsachen."

„Aber wir haben dir doch Geld dafür gegeben", sagte das eine Kind. „Ja, und?", fragte Onno mit gerunzelter Stirn.

„Du hast die Spielsachen verkauft, Onno", erklärte Charlotta. „Dann dürfen die Kinder sie auch mitnehmen."

Onno machte große Augen. „Aber ich wollte doch nur Geld haben und nicht meine Sachen abgeben!" Er war ganz verzweifelt. Die konnten doch jetzt nicht einfach mit seinen Spielzeugen weggehen. Das waren schließlich seine allerliebsten Autos.

Inzwischen war Onnos Mama auch dazugekommen. Sie nahm Onno auf den Arm und erklärte: „Leider geht nicht beides – Geld bekommen und die Sachen behalten. Wenn man etwas verkauft, dann tauscht man die Dinge nun mal gegen das Geld ein."

Onno sah seine Mutter traurig an. Wenn er gewusst hätte, dass er seine Autos weggeben musste, um das Geld zu bekommen, dann hätte er sie nie hergegeben. Er schniefte laut. „Aber meine Autos!"

„Sollen wir fragen, ob wir die Sachen zurückkaufen können?", fragte seine Mama und strich ihm über den Kopf. Onno nickte stumm und war froh, dass Mama da war.

Mama gab dem Mann den 10-Euro-Schein aus Onnos Hand wieder und die Kinder legten die Autos und die Puzzles zurück auf Onnos Decke. Dann gingen sie davon.

„Sollen wir alles schnell einpacken und nach oben bringen?", fragte Mama. Onno nickte froh.

Charlotta half dabei, Onnos Schätze wieder in den blauen Beutel zu packen. Damit nicht noch jemand auf die Idee kam, etwas davon mitzunehmen. Onno fühlte sich nun wieder leicht wie eine Seifenblase, die im Wind tanzt. Noch mehr freute er sich dann, als Jamal mit einem roten Sportflitzer in der Hand zu ihm rüberkam und sagte: „Hier, schenke ich dir. So einen hast du doch noch nicht."

„Danke", rief Onno begeistert, als er das rote Auto bewunderte. Na klar! Schenken ist viel besser als kaufen, dachte er und überlegte gleich, was er sich alles schenken lassen könnte.

Streit auf dem Klettergerüst

An diesem grauen Nachmittag war es ziemlich leer auf dem Spielplatz. Die meisten Kinder waren nach dem Kindergarten mit ihren Eltern gleich nach Hause gegangen. Aber die Mädchen und Jungen der Kita-Bande spielten trotzdem hier. Charlotta stand allein auf dem kleinen Karussell und war ganz versunken in das, was sie tat. Sie hielt sich mit beiden Händen gut an einer der Stangen fest, die von der Mitte der Platte nach außen führten, und stieß sich immer wieder mit ihrem rechten Fuß ab. Sie schaute währenddessen nach unten und konzentrierte sich auf die Bewegung. Wie lustig es sich anfühlte, wenn der Fahrtwind ihre Haare nach hinten wehte, sodass sie an den Ohren kitzelten. Charlotta bekam immer mehr Schwung, je öfter sie sich vom Boden abstieß. In ihrem Bauch machte sich ein aufregendes Gefühl breit und sie musste gut aufpassen, auf dem Karussell zu bleiben. „Das ist toll!", dachte sie. Ich will nie mehr aufhören.

Charlotta war so vertieft, dass sie zusammenzuckte und vor Schreck fast vom Karussell heruntergefallen wäre, als sie plötzlich lautes Gebrüll hörte.

Charlotta schaute hoch und blickte sich hektisch um. Sie bremste mit dem rechten Fuß im Sand und versuchte herauszufinden, wer da so brüllte und vor allem wo. Da sah sie eine Bewegung auf der Hängebrücke zum Kletterturm. Oben auf dem Turm spielten ihre Freunde Johanna und Onno mit

 55

Onnos Autos. Und nun liefen drei ältere Jungs mit Gebrüll und Stöcken in der Hand über die Hängebrücke nach oben. Charlotta erkannte die Jungen sofort: Es waren Tim, Lars und Senko. Sie waren größer als die meisten hier auf dem Spielplatz und gingen schon in die Schule. Tim war sogar in der zweiten Klasse und das sagte er jedem, der es wissen wollte – oder auch nicht. Besonders gern ärgerte er jüngere Kinder, machte sich über sie lustig oder rannte hinter ihnen her und jagte sie durch den Park. Charlotta konnte Tim gar nicht leiden.

Als sie sah, dass Tim zusammen mit Senko und Lars über die Seilbrücke auf das Klettergerüst rannte, auf dem Johanna und Onno saßen, hatte sie gleich ein schlechtes Gefühl. Sie sah sich um. Kein Erwachsener war zu sehen. Die Eltern waren vor ein paar Minuten zur kleinen Kaffeerösterei auf der anderen

Straßenseite gegangen und hatten Kaffee holen wollen. Bestimmt hatten sie wieder irgendwen getroffen und sich verquatscht. Auf die konnte Charlotta jetzt nicht warten. Sie sprang vom Karussell ab, das immer langsamer geworden war, und lief einmal um den Spielplatz herum. Wo steckten nur Jamal und Oskar? Die konnten ihr jetzt noch helfen.

Da entdeckte Charlotta die beiden an der kleinen Hütte, wo sie versuchten, auf das Dach zu klettern. Schnell rannte sie zu ihren Freunden.

„Habt ihr schon gesehen? Senko, Lars und Tim sind da. Sie sind auf den Kletterturm zu Johanna und Onno", flüsterte Charlotta ihnen zu.

„Gesehen? Vor allem gehört haben wir die", sagte Oskar.

Jamal nickte. „Ja, und sie haben Stöcke dabei. Das darf man doch nicht beim Klettern. Und die machen das einfach."

„Ich glaube, die Jungs wollen Onno und Johanna ärgern und die beiden sitzen da oben fest. Wir müssen ihnen helfen. Kommt mit!", flüsterte Charlotta drängend und lief vor dem Spielhaus hin und her. Doch Oskar und Jamal zögerten.

In dem Moment hörte Charlotta Johanna schon laut rufen: „Stopp!"

Dann erklang Tims lautes Lachen. Er rief: „Das hier ist unser Turm! Geh du doch runter."

Jetzt hörte sie Onnos Stimme: „Gebt mir meine Autos wieder."

Er war kurz davor, zu weinen, das merkte Charlotta an seiner zitternden Stimme. Ihr Herz klopfte schnell und laut. So ging das doch nicht! Charlotta war hin- und hergerissen. Sie mussten Onno und Johanna doch helfen. Das waren ihre Freunde. Allein traute sich Charlotta aber nicht. Die Jungen waren so groß und super fies. Das hatte sie schon so oft gesehen. Deshalb ging sie ihnen normalerweise aus dem Weg.

„Kommt schon, wir müssen was machen! Dein Bruder sitzt da oben, Oskar", sagte sie laut und streng. Sie schaute Oskar in die Augen und versuchte, ein ernstes Gesicht zu machen. Warum hing der denn immer noch an der Seitenwand des Hauses? Er musste doch jetzt helfen. Charlotta verstand das nicht. Schließlich schaute Oskar Charlotta an und nickte. Sie sah, dass er auch Angst hatte. Doch er sprang trotzdem von der Spielhütte in den Sand. „Aber was sollen wir denn tun?", fragte er hilflos.

„Ich weiß auch nicht genau, aber irgendwas müssen wir doch machen. Du weißt doch, wie gemein die drei sind, und sie haben Onno schon die Autos weggenommen. Los, kommt!" Charlottas Stimme überschlug sich. Sie spürte, wie ein unangenehmes Angstgefühl ihren Rücken hochkroch. Sie wartete nicht länger, sondern raste los zum Turm. Sie sah sich nicht um, aber sie hoffte sehr, Jamal und Oskar würden mitkommen. Es war gut, zu rennen, spürte Charlotta. Mit jedem Schritt fühlte sie sich etwas stärker und mutiger. Mit viel Schwung stoppte sie am Kletterturm und schaute nach oben. Sie sah, dass Tim, Lars und Senko ihren beiden Freunden den Weg über die Hängebrücke nach unten versperrten. Und der zweite Weg, über das Kletternetz, war für Onno nicht zu schaffen. Charlotta wusste, dass er Angst hatte, durch die großen Abstände zwischen den Seilen durchzurutschen.

„Das ist unser Turm", rief Senko jetzt und lachte gemein. Charlotta sah, dass er sie noch nicht bemerkt hatte. „Wir sind hier die Chefs und können machen, was wir wollen!", ergänzte Tim und schlug mit seinem Stock gegen das Holzdach des Turms.

Inzwischen waren auch Jamal und Oskar da. Sie blieben hinter Charlotta stehen und warteten ab. Charlotta wusste, sie musste jetzt sofort was machen, die beiden anderen trauten sich nicht und auf die Erwachsenen konnten sie nicht warten. Charlotta atmete tief ein und rief nach oben: „Hallo, ihr kleinen Babys! Was macht ihr denn da? Spielt ihr mit euren Rasseln?" Dann lachte sie absichtlich laut.

Sie hoffte, dass sich die Jungen so sehr ärgerten, dass sie vom Turm herunterkommen würden und Johanna und Onno in Ruhe ließen. Doch leider passierte nicht viel. Tim beugte sich nur über das Geländer und rief: „Du bist doch selber ein Baby!" Die Jungen lachten und drehten sich wieder weg. Charlotta fühlte sich ganz klein und schwach. Und jetzt hörte sie auch

noch, wie Onno anfing, zu weinen. Bestimmt kämpfte Johanna da oben auf dem Kletterturm auch schon mit den Tränen. Charlotta kannte ihre beste Freundin ja. Für sie musste es da oben gerade schlimm sein. Charlotta atmete tief durch und schaute sich um.

„Sollen wir in die Rösterei und Hilfe holen?", fragte Oskar leise.

Jamal zuckte mit den Schultern und blickte wieder hinauf zu den anderen. „Oder wir gehen alle hoch auf den Turm? Vielleicht gehen sie dann."

Doch Charlotta traute sich nicht. Ihr fehlte der Mut. Was, wenn die Jungen nicht gehen würden? Was sollten sie denn dann tun? Da sah Charlotta aus dem Augenwinkel eine Bewegung. Sie drehte schwungvoll ihren Kopf. „Hanife!" Da hinten lief Hanife mit ihrem Dackel Heinz an der Leine. Charlotta fiel ein Stein vom Herzen. Das war die Lösung! Sie wusste genau, dass Tim eine furchtbare Angst vor Hunden hatte. Sie hatte einmal gesehen, wie er sich schreiend hinter seiner Mama versteckt hatte, als ein Pudel an seinem Bein schnuppern wollte. Das war die Idee. Sie würde Heinz holen und vielleicht würde er Tim und somit auch Senko und Lars vertreiben können.

Fröhlich lächelnd kam Hanife quer über die Wiese zu Charlotta und den Jungen gelaufen, nachdem sie ihren Namen gehört hatte. „Hallo, Charlotta!", sagte sie. Doch Charlotta nickte nur, erklärte ihrer Freundin schnell, was passiert war,

und zeigte auf den Kletterturm. Dann verriet sie, dass Tim Angst vor Hunden hatte und was ihr Plan war.

„Ist das nicht ein bisschen gemein?", warf Hanife ein.

Charlotta überlegte. „Ich finde nicht. Wir tun ihnen ja nichts. Und sie sind die Gemeinen."

Mutig stieg Charlotta mit Oskar und Jamal auf die Brücke zum Kletterturm. Tim, Lars und Senko hatten noch nichts bemerkt und ärgerten Johanna und Onno weiter. Als sie die Mitte der Brücke erreicht hatten, drehte sich Charlotta zu Hanife um und winkte ihr. Die gab Heinz ein Zeichen und der bellte dreimal laut.

Vom Kletterturm kam ein kleiner Aufschrei. Tim hatte den Hund entdeckt. Charlotta musste grinsen. Jetzt erblickten Tim, Lars und Senko auch sie, Oskar und Jamal. Charlotta winkte Hanife zu und Hanife ging mit Heinz an der Leine ein paar Schritte näher heran. Tim blickte ängstlich von Charlotta zu Heinz. Er sah sofort, dass der Hund zu ihnen gehörte. Charlotta atmete tief ein, um ein kleines Fünkchen Angst zu vertreiben, das ihr im Nacken saß. Und ihre Stimme zitterte ein bisschen, als sie sagte: „Entweder klettert ihr jetzt über das Kletternetz nach unten und geht weg oder der Hund kommt über die Brücke nach oben!"

Hoffentlich klappte das! Charlotta hielt die Luft an.

Und tatsächlich. „Komm, wir zischen ab! Ich hab keine Lust mehr", sagte Tim zu den anderen und nickte seinem Freunden zu. In Nullkommanix waren die Jungen über das Kletternetz

 61

auf der anderen Seite des Turms nach unten geklettert und weggerannt.

Charlotta atmete laut aus. Plötzlich fühlte sich ihr Herz ganz leicht an. Oskar drängte an ihr vorbei auf den Turm zu seinem Bruder und Johanna lief ihrer Freundin in die Arme. Was für ein Abenteuer, dachte Charlotta. Da sah sie aus dem Augenwinkel erleichtert, wie ihr Papa und Hanifes Mama mit Kaffeebechern in der Hand zurückkamen. Endlich!

Charlotta ließ Johanna los, kletterte von der Hängebrücke und rannte den Erwachsenen entgegen. Auch wenn sie Tim, Lars und Senko alleine vertrieben hatten, war sie froh, dass ihre Eltern wieder da waren.

„Du rennst ja, als ob der Teufel hinter dir her wär, Charlotta!", sagte ihr Papa. „Alles okay?"

Charlotta nickte. „Klar, wir mussten da nur kurz etwas erledigen."

Da kamen Jamal, Oskar, Onno und Hanife dazu und sagten: „Das war eine super Idee, Charlotta!" Charlotta strahlte. Und die Eltern verstanden gar nichts. Aber die müssen ja auch nicht immer alles wissen.

„Können wir jetzt gehen?", rief Onno.

„Ja, lasst uns gehen!", sagte Johanna. „Josefine Herzberger hat heute Morgen erzählt, dass unsere Amsel wieder raus darf. Ihr Flügel ist verheilt."

Geschafft, aber glücklich machte sich die Kita-Bande auf den Weg in den Margarethenhof. Sie kamen gerade rechtzeitig.

Josefine Herzberger hatte den Käfig auf die Wiese gestellt, das Türchen geöffnet und sich abwartend in einiger Entfernung auf eine bunte Decke gesetzt. Die Kinder hockten sich dazu und blieben ganz still. Es dauerte nicht lange, da kam die Amsel aus dem Käfig, hüpfte ein paar Meter über die Wiese und flog hoch auf einen Ast.

„Heute ist ein schöner Tag!", flüsterte Charlotta.

Der verlorene Kuschelhund

Es war Kastanienzeit. Hanifes Lieblingszeit im Jahr. Auf dem Weg in die Kita war sie heute mit ihrer Mutter deshalb extra durch den Park gelaufen. Sie hatten sogar einen Umweg zum Kastanienbaum gemacht. Dort hatte Hanife ein paar frisch gefallene Kastanien aufgesammelt und in die Jackentasche gesteckt. Die fühlten sich schön an. So kühl und glatt. Auch den Erziehern Kerstin und Björn waren die Kastanien aufgefallen. Im Morgenkreis machten sie deshalb den Vorschlag, dass sie alle zusammen einen Ausflug in den Park machen könnten, um Kastanien zu sammeln. Mit denen könnten sie etwas basteln. Hanife strahlte. Das war ja toll! Sie hatte gesehen, dass noch richtig viele Kastanien in der Wiese lagen. Sie würden viele sammeln können. Sie sangen noch ein Herbstlied. Danach ging es los.

Die Gruppe lief im Gänsemarsch in die Garderobe. Hanife ging ziemlich weit hinten. Sie mochte es nicht, wenn es so eng und drängelig wurde. Und das wurde es, wenn zwanzig Kinder Matschhosen, Gummistiefel, Jacken und Mützen anzogen.

In der Garderobe beobachtete sie, wie der kleine Lasse einen Hund aus Stoff in seine Jackentasche schob. Eigentlich sollte der Hund in Lasses Fach in der Gruppe liegen. Dort verbrachte er immer den Tag. Nur für den Mittagsschlaf durfte Lasse den Hund rausholen und mit in sein Bettchen nehmen und am Spielzeugtag durfte er ihn auch zum Spielen mit in die Gruppe bringen. Heute war aber kein Spielzeugtag und mit nach draußen durfte der Hund eigentlich auch nicht. Sollte sie es Kerstin und Björn sagen? Hanife war sich nicht sicher. Lasse war morgens oft traurig, wenn seine Mama wegging. Bestimmt hatte er deshalb den kleinen Hund ganz nah bei sich. So fühlte er sich nicht mehr allein, dachte Hanife, und das war ja auch gut.

Im Park liefen die Kinder gleich zu dem Baum, an dem am meisten Kastanien hingen. Björn hatte drei rote Eimer rund um den Stamm aufgestellt und die Kinder warfen die gesammelten Kastanien hinein. Hanife war glücklich. So viele Kastanien. Sie wusste gar nicht, wo sie zuerst zugreifen sollte. Die dunkelbraun glänzenden Kugeln sahen so toll aus. Mit etwas Glück fand Hanife eine Kastanie, die noch in ihrem grünen, stacheligen Mantel verborgen war. Sie liebte es, auf die Schale zu treten und die braune heraus-kullernde Kastanie aufzusammeln. Die Eimer wurden sehr schnell voll und die Kastanien, die auf dem Boden lagen, weniger.
Zum Abschluss des Parkausflugs und zur Be-lohnung für das fleißige Sammeln durften sie noch eine Runde auf den Spielplatz. Ha-nife setzte sich mit Charlotta und Johanna

auf das Karussell. Jamal und Oskar schoben es von außen an und rannten, so schnell sie konnten, im Kreis. Die Mädchen kreischten vor Vergnügen und Hanife kamen die Tränen vor lauter Lachen. Mit ihren Freunden zu spielen, machte sie einfach glücklich. Sie war richtig froh, dass sie mit ihrer Mama in den Margarethenhof gezogen war und jetzt zur Kita-Bande gehörte.

Dann war die Spielzeit auch schon vorbei. Björn hatte gerade gerufen, dass sie alle wieder zurück in die Kita gehen würden, da hörte Hanife plötzlich ein lautes Schluchzen.

Es kam von Lasse. Der saß im Sand und weinte bitterlich.

Kerstin beugte sich zu ihm herunter, um ihn zu trösten. „Was ist denn passiert, Lasse? Tut dir was weh?" Aber Lasse schüttelte nur den Kopf.

Hanife ging neugierig zu den beiden hinüber. Vielleicht konnte sie helfen.

„Ich habe was verloren", erklärte Lasse. „Was Kleines."

Blitzschnell fiel Hanife ein, dass Lasse damit nur seinen kleinen Stoffhund meinen konnte, den er in seine Jackentasche gesteckt hatte. Und tatsächlich. Lasses Jackentasche war leer. Sogar das Innenfutter war nach außen gestülpt. Lasse weinte inzwischen so doll, dass er nicht mehr sprechen konnte. Der Arme, wie schrecklich!

„Ich weiß, was Lasse verloren hat", sagte Hanife aufgeregt zu Kerstin. „Er hat seinen kleinen Stoffhund in der Jackentasche gehabt und die ist jetzt leer."

Nun weinte Lasse noch viel lauter und er nickte kräftig mit dem Kopf.

„Der Hund sollte doch in deinem Fach bleiben", sagte Kerstin und seufzte. „Na gut, dann suchen wir den Kuschelhund. Weit kann er ja nicht sein", versuchte sie den kleinen Jungen zu beruhigen.

Lasse tat Hanife furchtbar leid. Wo hatte er seinen Hund bloß verloren?

Kerstin schickte die ganze Gruppe auf die Suche nach dem Stoffhund. Hanife war jedoch bei Lasse geblieben und nahm ihn an die Hand. Er musste dringend getröstet werden. Wenn Hanife den weinenden Lasse so ansah, wurde sie selbst auch ganz traurig. Johanna hatte Lasses andere Hand gegriffen. Die beiden wollten den armen kleinen Lasse jetzt lieber nicht alleinlassen.

Die Kita-Kinder suchten den ganzen Spielplatz ab. Hanife war sich sicher, dass entweder sie selbst oder ein anderes Kind der Kita-Bande den Hund finden würde. Sie waren schließlich Profis im Problemlösen. Sie beobachtete, wie Oskar und Jamal sogar auf dem Klettergerüst suchten, obwohl Lasse nicht dort oben gewesen war.

Hanife war mit Lasse und Johanna den Weg bis zum Kastanienbaum abgelaufen. Björn hatte es erlaubt, denn dort hatte er sie noch gut im Blick. Aber die Kinder fanden nichts. Hanife seufzte. Irgendwo musste der Hund doch sein. Sie sah, wie Lasse immer trauriger und mutloser wurde und eine Träne seine Wange hinunterlief. Sie selbst hatte einen dicken Kloß im Hals vor lauter Mitgefühl. Sie gingen zurück zum Spielplatz. Gerade als Kerstin und Björn die Suche abbrechen wollten, hörte Hanife eine sehr vertraute Stimme laut rufen. „Hanife!" Es war ihre Mama, die gerade den Morgenspaziergang mit Hanifes Dackel Heinz machte. Heinz hatte Hanife gesehen und rannte sofort los. Hunde waren auf dem Spielplatz eigentlich verboten, aber Heinz konnte ja keine Schilder lesen. Deshalb raste er schwanzwedelnd durch den Sand zu Hanife, Johanna und Lasse und sprang freudig an Hanife hoch. „Na du?", sagte Hanife und streichelte ihren Hund ausgiebig. Da kam ihr eine Idee. „Das ist es!", strahlte Hanife. Sie hielt Heinz fest und ließ ihn an Lasses Jackentasche schnuppern. Dann befahl sie ihm. „Such den Kuschelhund! Such!" Heinz raste los. Hanifes Mutter und Kerstin hatten die Szene beobachtet und Hanife konnte ihnen ansehen, dass sie nicht glauben konnten, dass es klappen würde. Ha, die werden das schon sehen, dachte Hanife. Heinz raste erst im Kreis um den Spielplatz. Dabei begrüßte er auch Jamal und Oskar. Dann drehte er eine Schleife um die Kastanienbäume – die Schnüffelnase immer nah am Boden. Zuletzt quetschte er sich neben dem Mülleimer zwischen den Zweigen ins Gebüsch.

Kurz darauf kam Heinz wie ein Wirbelwind wieder herausgestürmt und raste zum Sandkasten zurück. Lasse versteckte sich hinter Hanifes Rücken. Heinz war ihm wahrscheinlich zu wild, dachte Hanife. Sie ging in die Hocke und rief ihren

Dackel zu sich. Und was sah Hanife da? Heinz trug etwas im Maul, was ihr sehr bekannt vorkam: Es war der Kuschelhund von Lasse!

„Schau mal, Lasse!", rief Hanife und hielt Heinz vorsichtig am Halsband fest.

„Mein Kuschelhund!", staunte Lasse.

„Gib es her", flüsterte Hanife leise und der Dackel ließ seinen Kuschelkumpel sofort los. Hanife wischte den Hund an ihrer Jacke trocken und drückte ihn Lasse in die Hand.

Inzwischen hatten die anderen bemerkt, was geschehen war, und kamen dazu.

„Toll!", rief Kerstin.

„Da hast du aber großes Glück gehabt, Lasse!", sagte Björn und die Kita-Kinder klatschen. Hanife war stolz auf ihren Dackel. Das hatte er richtig gut gemacht.

„Heinz, du bist ein Sachenfinder!", flüsterte Hanife in Heinz' weiches Ohr. Und Heinz antwortete mit einem leisen „Wuff!". Kerstin und Björn begrüßten Hanifes Mama und Kerstin schaute hinunter zu Hanifes Dackel. „So, mein Freund", sagte Kerstin in einem gespielt strengen Ton. „Jetzt aber schnell runter vom Spielplatz, bevor dich jemand sieht. Hunde sind doch hier verboten." Doch dann lachte die Erzieherin und kraulte Heinz' weiches Fell. „Obwohl, so eine super Spürnase

wie dich könnten wir in unserer Kita richtig gut gebrauchen."
Hanife strahlte. „Heinz gehört aber mir."
„Ja, er ist einer von uns", bestätigte auch Jamal. „Er gehört zur
Kita-Bande und ist unsere beste Spürnase."

Onnos großer Auftritt

„Heute dürft ihr alle etwas mitbestimmen", erzählte Enes, der Erzieher in der Schildkrötengruppe, geheimnisvoll. Onno war richtig gespannt. Was würde das wohl sein? Er liebte Überraschungen.

„Bald ist ja unser großes Marktfest. Wir haben erfahren, dass die ganze Kita dort auf der Bühne eine kleine Aufführung machen darf. Da haben wir überlegt, dass wir zusammen ein Lied singen und dazu tanzen können", ergänzte seine Kollegin Lena.

Onno quietschte. Es kribbelte sofort in seinem Bauch vor Glück. Er kannte die große Bühne auf dem Marktfest. Im letzten Jahr hatten die Kinder von der Ballettschule dort etwas aufgeführt und auch die Kampfsportschule hatte gezeigt, was die Kinder dort lernen können. Onno hatte ganz nah vor der Bühne gestanden, um nichts zu verpassen. Am liebsten wäre er gleich mit nach oben geklettert. Und dieses Jahr würde er selbst da oben stehen dürfen. Wahnsinn! Onno konnte sein Glück nicht fassen.

„Jetzt müssen wir uns für ein Lied entscheiden, das allen gut gefällt", erklärte Enes.

Sofort sprachen die Kinder wild durcheinander und jeder rief sein Lieblingslied in die Runde. Manche fingen sogar gleich an zu singen.

Enes lachte. „Moment! Nicht so schnell. Wir haben zwei Lieder und zwischen den beiden entscheidet ihr jetzt. Zur Wahl stehen ,*Regentropfen hüpfen*' oder ,*Hab 'ne Tante in Marokko*'."

Die Gruppenkinder riefen gleich wieder alle durcheinander. Onno wusste sofort, welches Lied er am liebsten singen wollte. Es war eines seiner Lieblingslieder. Super, dass es dabei war!

„Halt, halt!", bremste Lena. „So verstehen wir ja nichts. Wir machen es jetzt so: Alle, die für ,*Regentropfen hüpfen*' sind, gehen zur Fensterseite. Und alle, die ,*Hab 'ne Tante in Marokko*' besser finden, stellen sich an die Tür."

Onno sprang sofort auf und rannte – ohne nach links oder rechts zu schauen – zum Fenster. Lena zählte. 17 Kinder wollten die Regentropfen und nur fünf fanden die Tante besser.

„Das ist ja ein eindeutiges Ergebnis! Jetzt sind wir mal gespannt, wie sich die Kinder in den anderen Gruppen entschieden haben", sagte Lena.

Wenige Minuten später kam die Kita-Leiterin Frau Klapperspecht schwungvoll in den Gruppenraum und fragte neugierig: „Naaa, habt ihr schon abgestimmt?"

Onno sprang ihr entgegen, ohne abzuwarten, und stimmte das Lied an. „Regentropfen hüpfen …" Alle anderen Kinder fielen ein.

„Das ist ja wunderbar!", strahlte Frau Klapperspecht. „Genau das Lied war auch der Sieger in allen anderen Gruppen. Onno

klatschte in die Hände. Er freute sich wie verrückt, dass sein Lied gewonnen hatte.

Wochenlang war „Regentropfen hüpfen" aus allen fünf Gruppenräumen zu hören. Die Kinder sangen das Lied immer und immer wieder. Als alle Gruppen den Text auswendig konnten, übten sie einen Tanz dazu ein. Mithilfe der Eltern wurden an einem Nachmittag noch Kostüme gebastelt.

„Regentropfen hüpfen …", Onno sang aus Leibeskräften und hüpfte mindestens genauso hoch wie die Regentropfen in dem Lied. Er tat es ohne Pause: in der Kita und auf dem Spielplatz. Dann hopste er wie ein Regentropfen nach Hause und die Stufen bis in den ersten Stock nach oben.

„Hast du denn nicht langsam genug geübt?", fragte Oskar.

Onno schüttelte mit dem Kopf und sang und tanzte weiter, bis es Zeit war, ins Bett zu gehen. Er liebte dieses Lied so sehr und er konnte gar nicht so hoch hüpfen, wie seine Freude über den großen Auftritt war.

„Noch zweimal schlafen", sagte Onno. „Dann stehen wir auf der Bühne und alle können sehen, wie toll wir singen und tanzen."

Und dann war der große Tag gekommen. Heute Nachmittag würde das große Fest stattfinden. Die Zeit kroch langsamer als eine Schnecke, fand Onno. Der Vormittag wollte einfach nicht vergehen. In den Garderoben lagen die Kostüme schon bereit und ein allerletztes Mal übten alle Kinder gemeinsam den Tanz. Sie stellten sich für die Generalprobe in ihren Gruppen auf und dann spielte auch schon die vertraute Musik.

Aber was war das? Plötzlich konnte Onno den Tanz nicht mehr. Er hatte doch so viel geübt und plötzlich konnte er sich an keinen einzigen der Schritte mehr erinnern. Er hüpfte nicht im Takt und sprang in die falsche Richtung. Es war wie verhext. Warum klappte das denn heute nicht? Die Wochen vorher ging es doch auch. Onno schaute nach links zu seinem Bruder Oskar, der zusammen mit ihren Freunden Hanife, Jamal, Charlotta und Johanna auf der anderen Seite der Bühne zusammen mit der Froschgruppe tanzte und lachte. Die fünf hatten großen Spaß, das sah Onno sofort. Das fühlte sich nicht gut an in Onnos Bauch. Wie gern hätte er jetzt auch mit den anderen Kindern der Kita-Bande getanzt. In seiner Gruppe fühlte er sich jetzt gerade sehr allein und verloren. Außer Onno selbst hatte keiner gemerkt, dass es mit dem Tanzen bei ihm heute nicht so klappen wollte. Als die Generalprobe vorbei war, klatschten die Erzieherinnen und Erzieher wie verrückt und riefen „Bravo!" und „Super!" und „Zugabe!".

„Das habt ihr so toll gemacht!", rief Frau Klapperspecht.

Onno ließ trotzdem den Kopf hängen. Er wollte jetzt gar nicht mehr auf die Bühne gehen und dort auftreten. Die ist doch viel zu groß und ich bin viel zu klein. Die Schritte habe ich auch vergessen, dachte er traurig. Ich könnte einfach im

Waschraum bleiben, wenn die anderen losgehen. Das merkt bestimmt keiner, wenn ich nicht dabei bin, überlegte er und schluckte, damit er nicht weinen musste. Er war ganz in Gedanken, als Johanna plötzlich neben ihm stand. „Das war super, ne?", strahlte sie.

Onno nickte stumm mit dem Kopf.

„Unsere Eltern kommen gleich und Josefine Herzberger und sogar Herr Rosmarin und auch Frau Wunder mit ihrem Sohn. Sie wollen zuschauen, wenn wir da oben auf der Bühne stehen", erzählte Johanna begeistert.

Auch jetzt sagte Onno nichts und Johanna sah ihn mit schiefgelegtem Kopf an.

„Geht es dir nicht gut, Onno? Hast du vielleicht Bauchschmerzen? Oder tut dir etwas anderes weh?", fragte sie.

Onno zuckte mit seinen Schultern. „Ich will da nicht mitmachen gleich", flüsterte er leise. Es war gar nicht so leicht, das zu sagen.

Johanna sah ihn erschrocken an. „Aber warum denn nicht? Du hast dich doch so darauf gefreut, dass endlich das Fest ist und wir auch auf der großen Bühne stehen dürfen. Und hast extra ganz viel geübt."

Onno wusste nicht, was er sagen sollte. Es stimmte ja, was Johanna sagte. Trotzdem wollte er einfach nicht. Sein Bauch sagte ihm das. Deshalb schüttelte er wieder den Kopf.

Johanna setzte sich neben Onno auf die Bank und schaute ihn an. „Meinst du, es hilft, wenn ich bei dir bin? Und Oskar,

Jamal, Hanife und Charlotta auch? Wenn wir zusammen tanzen, so wie wir ansonsten auch immer alles zusammen machen?"

Onno fühlte, wie sein Bauch lockerer wurde und nicht mehr wehtat. Ihm wurde ganz warm und er strahlte Johanna an.

„Ja!", sagte er erleichtert. „Ich glaube, das wäre besser." Nach einer Pause ergänzte er: „Aber das geht ja nicht. Ich muss ja mit meiner Gruppe tanzen." Seine Stimme wurde wieder leiser und der Kloß in seinem Hals wurde größer. Onno kämpfte mit den Tränen. Johanna legte den Arm um ihn.

„Das geht bestimmt!", tröstete sie ihn. „Wir sagen es einfach den Erzieherinnen und Erziehern. Die helfen uns."

Onno spürte ein hoffungsvolles Kribbeln. „Und dann kann ich bei euch mittanzen?", rief er. Johanna nickte. „Bestimmt. Komm, wir gehen fragen."

Onno sprang sofort auf und rannte los. „Komm, Johanna! Schnell!"

Gemeinsam erzählten Onno und Johanna Lena von Onnos Problem und vor allem von der Lösung, die sie sich überlegt hatten.

„Du möchtest also lieber mit der Froschgruppe mittanzen, Onno?", frage Lena.

Onno strahlte sie an und nickte. „Ja", sagte er leise und spürte, wie die Freude in seinen ganzen Körper strömte.

„Das ist kein Problem", sagte Lena. „Hauptsache, du hast Lust, mitzumachen. Wir freuen uns, dass du dabei bist!"

Und dann war es auch schon Zeit und alle Kita-Kinder gingen auf die Bühne. Die Eltern, die Freunde und alle Nachbarn waren gekommen und schauten nach oben. Onno griff Johannas Hand ganz fest. Überall um ihn herum waren seine Freunde. Onno fühlte sich richtig gut.

Dann ging die Musik los und Onno sang und tanzte so gut wie noch nie. Er lachte und strahlte und hüpfte. Das Lied ging viel zu schnell vorbei. Dann kam der Applaus. Er hörte gar nicht mehr auf.

„Zugabe!", riefen erst nur einige Eltern und kurz darauf alle, die auf dem Marktplatz waren.

„Also gut. Für euch alle, noch einmal!", rief Frau Klapperspecht ins Mikrofon und die Musik ging wieder los. Onno
tanzte und sang und wollte am liebsten, dass es nie vorüber-
ging.
Aber dann war die Musik doch irgendwann aus und Onno
sagte ganz atemlos: „Das war der schönste Tag in meinem
ganzen Leben!"

Unser Park soll sauber werden

Jamal und die anderen Kinder der Kita-Bande warteten heute besonders sehnsüchtig darauf, dass der Kita-Tag vorbei war. Die Sonne schien und sie wollten nach draußen und spielen. „Los, alle auf den Spielplatz!", rief Jamal fröhlich, als endlich die Eltern zum Abholen kamen. Er freute sich schon den ganzen Tag darauf, im Park zu spielen. Die sechs Kinder rannten auf den Abenteuerspielplatz direkt neben der Kita. Die Eltern setzten sich an den Rand auf die Parkbänke unter der Eiche. Onnos Papa hatte Kaffee für die Erwachsenen mitgebracht und Zimtschnecken für alle. Nach der Kita hatten die Kinder immer Hunger. Als Jamal die leckeren Zimtschnecken sah, bekam er noch bessere Laune. Er liebte Zimtschnecken und nahm sich eine große, in die er gleich hineinbiss. Die anderen griffen auch zu. Dann ging es weiter: Jamal kletterte mit Hanife, Oskar und Onno hoch auf den Kletterturm. Charlotta schaukelte mit Johanna um die Wette.

Jamal kam als Erster oben auf dem Klettergerüst an. „Bah!", rief er jedoch sofort und ging angewidert einen Schritt nach hinten. Fast wäre er vom Gerüst gefallen. Was war denn hier passiert? Jamal konnte es nicht glauben. Die ganze Plattform war voller Müll. Jemand hatte hier Pizza gegessen und dann alles liegen gelassen. „Hier oben liegen Pizzakartons und ganz viel Müll", rief Jamal den Erwachsenen zu. „Das ist voll eklig." Inzwischen waren Hanife, Oskar und Onno auch dazugekommen. Jamal schob die Kartons mit seinem Turnschuh vorsichtig ein Stück zur Seite.

„Bringt sie mit runter. Wir werfen sie weg!", antwortete seine Mutter. Jamal zuckte mit den Schultern. Na gut. Dann räumten sie eben auf. Danach würden sie hier oben wenigstens wieder in Ruhe spielen können. Oskar, Onno und Jamal griffen sich die Schachteln, warfen sie in den Sand und sprangen hinterher. Hanife half ihnen, den Müll zu tragen. Aber als sie neben dem Mülleimer standen, war der bis oben voll. Rundherum lagen schon leere Verpackungen, Bananenschalen und sogar Scherben!

„Da passt ja gar nichts mehr rein!", rief Jamal seiner Mutter zu. Genervt schaute er auf den überquellenden Mülleimer. Da räumte er schon mal freiwillig auf und dann das. Am liebsten hätte er die Schachteln einfach neben den Mülleimer gelegt, damit sie weiterspielen konnten. Aber das würde seiner Mutter bestimmt nicht gefallen. Und richtig war es natürlich auch nicht. Wer wollte schon, dass dort, wo gespielt wird, alles vermüllt ist?!

„Iieh, wie eklig ist das hier", sagte Hanife. „Und da auf der Wiese liegt noch mehr Abfall. Sie zeigte auf die

Stelle neben den Schaukeln. Dort hatten am Wochenende wohl Leute gegrillt. Ein Einmalgrill, leere Tüten und schmutzige Pappteller lagen herum. Dazwischen hüpften Krähen und suchten nach Futter.

„Nee, gemütlich ist es heute nicht im Park", fand auch Oskar. „Kommt, wir räumen auf!"

„Wir?", fragte Jamal überrascht. Er sah auf dem Weg zur Kita manchmal Leute von der Stadtreinigung, die hier sauber machten und alles aufräumten. Warum sollten sie denn dann hier aufräumen? Morgen früh kamen die doch sicher wieder. Er wollte viel lieber spielen.

„Klar räumen wir hier auf!", sagte Charlotta. „Das ist ja auch unser Park. Auf der einen Seite ist unsere Kita, auf der anderen Seite der Margarethenhof."

„Und mittendrin der Park!", ergänzte Jamal seufzend. Charlotta hatte recht. Der Park gehörte zu ihnen und sie musste etwas tun. „Okay! Dann räumen wir auf. Auch so etwas machen Banden ja manchmal." Er fand den Gedanken immer weniger blöd. Schließlich war es verboten, den Müll einfach in die Natur zu werfen. Das hatten sie in der Kita gelernt. Und gegen etwas Verbotenes musste die Kita-Bande doch was tun!

„Aufräumen?", rief Onno. „Das ist doof. Dann will ich nicht mehr in der Kita-Bande sein. Ich mag nicht aufräumen!"

Die anderen Kinder und auch die Eltern mussten lachen.

„Es ist etwas Gutes, wenn wir den Park hier aufräumen", sagte Onnos Papa zu ihm. „Stell dir mal vor, ein Eichhörnchen frisst aus Versehen etwas vom Müll und bekommt Bauchweh. Oder was ist, wenn etwas Giftiges dabei ist und der Regen das Gift in den Boden spült? Sollten wir uns nicht darum kümmern, dass das nicht passiert?" Onno nickte langsam.

Die Eltern waren begeistert, dass die Kinder den Müll wegräumen wollten.

„Ich mag das aber nicht anfassen, da ist ja überall Ketchup dran", sagte Hanife und deutete auf einen verschmierten Pappteller. Jamal nickte. Er konnte das gut verstehen. Auch er wollte ja wirklich gerne helfen und Müll wegräumen. Aber das war doch nun wirklich zu eklig. Wer wollte denn fremdes Ketchup an den Fingern haben? Da kam ihm eine Idee.

„Wir holen was, womit wir den Müll besser aufsammeln können. Und wo wir ihn hineinschmeißen können!", schlug Jamal vor. Die Erwachsenen stimmten zu. Kurz darauf zogen seine Mutter und Onnos und Oskars Vater los, um im Margarethenhof Sachen zum Müllwegräumen zu holen.

Bald kamen sie mit vollen Armen wieder zurück. Die Kinder und auch die Erwachsenen begannen mit Eimern und Handschuhen, den Müll einzusammeln. Andere Kinder und Eltern, die auf dem Spielplatz waren, machten spontan mit. Doch nicht jeder half dabei, den Park sauberzumachen. Manche liefen einfach an der Gruppe vorbei und taten so, als ob sie sie

 83

nicht sehen würden. Die könnten ruhig auch mal mithelfen, dachte Jamal, sagte aber nichts. Doch als eine vorbeilaufende Frau einfach das Papier ihres Schokoriegels auf den Boden fallen ließ, spürte er, wie Zorn in ihm hochbrodelte. Das konnte doch nicht wahr sein! Sah die Frau denn nicht, dass sie hier aufräumten? „He!", rief er der Frau wütend hinterher. „Sie haben was vergessen!" Doch die Frau wurde immer schneller und war bald aus dem Park hinausgelaufen. Jamal fühlte eine wahnsinnige Wut im Bauch. Das war ja kein Wunder, dass es hier im Park so dreckig war, wenn die Leute ihren Müll einfach irgendwo hinschmissen. Er hätte gerne noch hinter ihr her geschimpft, aber ihm fiel einfach nichts ein. Das übernahm zum Glück sein bester Freund Oskar, der die Frau ebenfalls beobachtet hatte.

„Dein Gesicht merke ich mir", rief Oskar und kicherte dann zusammen mit Jamal über diesen Satz, den sie am Wochenende bei einer Gruppe Jugendlicher aufgeschnappt hatten.

Nach ein paar Stunden waren die Eimer voller Müll, aber der große Park leider immer noch nicht ganz sauber. Die Kinder hatten Kronkorken, Zigarettenstummel und anderes in den Gebüschen und auf der Wiese entdeckt. Die hatten sie mit dem dicken Gartenhandschuhen aber nicht wirklich gut greifen können.

„Wie kann hier bloß immer noch so viel Müll sein?", sagte Jamal und ließ die Schultern mutlos hängen. „Das wird doch so nie sauber."

Er schaute sich die vollen Müllsäcke an, die jetzt schlapp am Rand des Spielplatzes lagen, und guckte auf die Kinder und Erwachsenen, die alle mitgeholfen hatten, den Müll einzusammeln. Sie waren einfach zu wenige Menschen.

„Es müssen viel mehr helfen!", rief Jamal aufgeregt. Er schaute auf die Kita. „Ich hab's! Das ist es!", rief er plötzlich so laut, dass Johanna zusammenzuckte, und drehte sich tanzend im Kreis.

Die anderen schauten ihn verdutzt an.

„Na, das ist doch einfach! Die ganze Kita muss helfen. Das sind doch bestimmt hundert Kinder!" Jamal war stolz auf seine Idee. Wenn das klappte, würde der Park bald blitzsauber sein.

„Tausend Millionen Kinder!", rief Onno und die anderen lachten.

„Das ist eine tolle Idee!", sagte Johannas Mama. „Das könnt ihr gleich morgen in der Gruppe erzählen." Die anderen Erwachsenen nickten zustimmend.

Am nächsten Tag in der Kita erzählte Jamal ganz aufgeregt im Morgenkreis mit wortreicher Unterstützung von Charlotta und Oskar von der coolen Müllsammelaktion im Park und wie viele blaue Säcke sie mit Müll gefüllt hatten. Kerstin und Björn waren begeistert.

„Toll, was ihr da auf die Beine gestellt habt", sagte Björn. Jamal wuchs gefühlt gleich zwei Zentimeter. Er freute sich, dass Björn die Müllsammelaktion cool fand.

„Wir freuen uns, dass ihr uns davon erzählt", ergänzte Kerstin. „So etwas sollte man viel öfter machen."

Jamal wurde aufgeregt. Er konnte kaum noch ruhig sitzen bleiben. Das war ja genau seine Idee!

„Dann lasst uns doch einfach weitersammeln!", rief Jamal. „Die Idee hatte ich gestern schon. Wenn alle mithelfen, dann ist der Park ganz schnell richtig sauber."

Jamal sah, dass Kerstin und Björn überlegten. Er schaute die beiden gespannt an. Sie sprachen leise miteinander und kurz darauf lächelten sie. „Eine gute Idee habt ihr da mitgebracht. Das können wir machen!"

Jamal sprang auf. „Yeah!", rief er und machte eine Siegerpose. Die anderen Kinder lachten.

Im Nu sprach sich die Idee in der ganzen Kita herum. Frau Klapperspecht, die Kita-Leiterin, kam sogar neugierig in die Froschgruppe. „Das ist ja wirklich genial! Es sollten alle Gruppen mithelfen, nicht nur die Frösche!", rief sie. „Wir haben im Keller noch Müllgreifer, Besen, Schaufeln, Eimer und alles andere, was man so brauchen kann für eine Müllsammelaktion."

Und statt im Außenbereich zu spielen wie an allen anderen Vormittagen, liefen kurz darauf ungefähr hundert Kindergartenkinder mit Eimern, dicken Handschuhen, einigen Müllsäcken und Müllgreifern durch den Park, lachten und sangen und sammelten Müll. Die Erzieherinnen und Erzieher halfen vor allem den Kleinsten und trugen die großen Müllsäcke zusammen. Alle hatten beste Laune und freuten sich über jedes Stück Müll, das sie einsammeln konnten. Jamal und Oskar schauten grinsend zu und klopften sich gegenseitig auf die Schuler. „Mega!", sagte Jamal. „Ja, mega!", stimmte Oskar zu.

Frau Klapperspecht war auch extrem gut gelaunt. Sie hatte sich sofort ans Telefon gehängt und ihre alte Freundin Rosi Schmidt vom Stadtanzeiger angerufen. Die stand dann auch bald mit ihrer auffällig roten Brille und ihrer großen Kamera im Park und fotografierte die vollen Müllsäcke. „Was für eine geniale Aktion!", rief sie. „Unser Park soll sauber werden! Das werdet ihr morgen auf der Titelseite der Zeitung lesen. Wer hatte denn die Idee dafür?"

Jamal, der gerade noch grinsend und scherzend durch den Park gesprungen war, schaute plötzlich schüchtern auf seine Fußspitzen. Er wurde ganz still. Schließlich hatte die Frau von der Zeitung gefragt. Die war echt wichtig. Was, wenn er jetzt etwas Doofes sagte?

„Hier!", rief Oskar aber einfach, nahm Jamals Hand und riss sie hoch. „Hier! Jamal hatte die Idee. Und wir, die ganze Kita-Bande, haben gestern schon voll viel Müll gesammelt. Mehrere Säcke waren das!"

„Sensationell!", rief Rosi Schmidt und griff zu ihrer Kamera. Ihr müsst natürlich mit auf die erste Seite der Zeitung. Jetzt sagt mal alle *Ameisenscheiße*." Die Kinder kicherten. „Ameisenscheiße", riefen sie im Chor und zack, war das Foto im Kasten.

Am nächsten Morgen im Morgenkreis der Froschgruppe hielt Kerstin den Stadtanzeiger in die Höhe. „Schaut mal, liebe Froschgruppe. Wie sind in der Zeitung auf der ersten Seite mit unserer Müllsammelaktion." Die Kinder jubelten.

„Der Park ist sauber und wir sind in der Zeitung!", rief Jamal. „Da haben wir ja doppelt gewonnen!"

Er sah, dass auf dem größten Foto in der Zeitung die Kinder aus dem Margarethenhof zu sehen waren. „Die Kita-Bande ist mit ihrer neuesten Aktion auf der Titelseite der Zeitung – so muss das sein!", rief er prahlend. Oskar hielt ihm die flache Hand für ein High Five hin und Jamal schlug begeistert ein. Zusammen waren sie einfach unschlagbar.

OSKAR

CHARLOTTA

JAMAL

HANIFE

JOHANNA

ONNO